Frederik Hetmann

So leicht verletzbar unser Herz

Frederik Hetmann

So leicht verletzbar unser Herz

Die Lebensgeschichte der Sylvia Plath

BELTZ
& Gelberg

Frederik Hetmann (d. i. Hans-Christian Kirsch) wurde 1934 in Breslau geboren. Er lebt als freier Schriftsteller in Nomborn (Westerwald) und veröffentlichte Romane, Jugendbücher und Sachbücher, darunter die im Programm Beltz & Gelberg erschienene Geschichte der Rosa Luxemburg und ihrer Zeit, *Rosa L., Drei Frauen zum Beispiel,* die Lebensgeschichte der Simone Weil, Isabel Burton und Karoline von Günderrode, den Bericht *Georg B. oder Büchner lief zweimal von Gießen nach Offenbach und wieder zurück,* die Geschichte einer Liebe, *Bettina und Achim,* und *Schlafe meine Rose,* die Lebensgeschichte der Elisabeth Langgässer. Für seine *Amerika-Saga* erhielt er 1965, für sein Buch über Ernesto »Che« Guevara, *Ich habe sieben Leben,* erhielt er 1973 den Deutschen Jugendbuchpreis.

Lektorat Ruth Klingemann

2. Auflage, 1989

Programm Beltz & Gelberg, Weinheim

Einband und Reihenlayout von Willi Glasauer
Gesamtherstellung Druckhaus Beltz, 6944 Hemsbach
Printed in Germany
ISBN 3-407-80681-7

Inhalt

»Aber auch Frauen haben Gelüste. Warum sollen sie auf die Posten von Wächtern der Gefühle, Aufpassern für Kinder, Ernährerinnen der Seele, des Körpers und des Stolzes der Männer abgeschoben werden? Daß ich als Frau geboren wurde, darin liegt meine Tragödie.«[1]

Sylvia Plath
The Journals

»Ich bin bewohnt von einem Schrei.
Nachts flattert er aus
Und sieht sich, mit seinen Haken,
um nach etwas zum Lieben.«[2]

Sylvia Plath
Ariel

Annäherung

Das Leben eines jeden Menschen hat, wenn man es genauer betrachtet, seine Rätsel.

In dem Leben des Mädchens und der jungen Frau, von dem hier berichtet werden soll, ist vieles ein Rätsel.

Stellen wir uns vor: Ein junges Mädchen in Amerika, *beautiful* und *glamorous* (also schön und bezaubernd) nach den Normen des zeitmodischen Schönheitsideals, begabt, erfolgreich in ihrem Studium am College, als Journalistin mit einem Stipendium einer Zeitschrift für junge Frauen bedacht, als Lyrikerin auf dem Sprung auf die Seiten wichtiger literarischer Zeitschriften wie *The Atlantic* und *New Yorker* – dieses junge Mädchen unternimmt mit einundzwanzig Jahren einen Selbstmordversuch.

Sie wird gerettet. Man bringt sie in eine Nervenheilanstalt, behandelt sie mit Insulin und Elektroschocks. Nach fünf Monaten wird sie als nahezu geheilt entlassen. Sie schließt ihr Studium am College mit glänzenden Noten ab, geht mit einem Fulbright-Stipendium an die Universität Cambridge nach England. Sie trifft dort einen jungen Dichter, verliebt sich in ihn. Die beiden heiraten. Nach einer Zeit als Dozentin an amerikanischen Universitäten und einer Reise durch die USA kehrt die junge Frau mit ihrem Mann nach England zurück. Ein Sohn und eine Tochter werden dem Ehepaar geboren. Ungefähr ein Jahr lang wohnt die junge Frau auf dem Land, wie sie sich das immer gewünscht hat, mit Blumen und Bienen, mit ihrem Ehemann und den Kindern. Eben da – alles scheint idyllisch – verläßt sie ihr Ehemann.

Sie veröffentlicht ihren ersten Gedichtband, *The Colossus.* Sie schreibt darin mit ätzendem Zorn über Menschen, die sie enttäuscht haben, vor allem über ihren Ehemann. Sie schreibt darin friedlich und gelassen über ihre Kinder und das tägliche Leben. Ihr Schreiben ist auch politisch. Sie empört sich über das Wettrüsten, Atomwaffen und Atomkraft. Ihre Vorbilder sind die für weibliche Emanzipation kämpfenden Autorinnen der englischen Literatur: Virginia Woolf, Marianne Moore, Anne Sexton.

Trotz ihrer beruflichen Erfolge ist sie bedrückt. Zum ersten Mal hat sie in den Augen der Welt versagt. Ihrer Mutter gesteht sie in

Briefen nur schrittweise ein, was diese seit einem Besuch in England längst weiß: Eine Scheidung ist unabänderlich geworden. Die junge Frau fragt sich: Woran ist meine Ehe gescheitert? Sie erlebt, was es heißt, in einer Gesellschaft von Paaren ohne Partner zu sein. Sie versucht, ihre beiden kleinen Kinder angemessen zu versorgen und außerdem zu schreiben.

Es gelingt ihr, einen autobiographischen Roman abzuschließen, in dem sie vor allem ihren Aufenthalt in der Nervenheilanstalt darstellt. Das Buch erscheint mit dem Titel *The Bell Jar* (»Die Glasglocke«) unter dem Pseudonym Victoria Lucas und erhält weitgehend positive Besprechungen.

Vier Wochen nach der Publikation des Buches öffnet die junge Frau, nun dreißigjährig, den Hahn des Gasbackofens in der Küche ihrer Londoner Wohnung und steckt ihren Kopf in die Backröhre. Diesmal wird sie erst gefunden, als sie schon tot ist.

Jahre zuvor hat sie in ihr Tagebuch geschrieben: »Meine Tragödie ist es, eine Frau zu sein.«

Diese Frau hat gewußt, was ihre Gedichte wert waren. Sie hat aber auch erkennen müssen: Weil sie eine Frau ist, werden ihre Arbeiten nach anderen Maßstäben beurteilt als die eines Mannes.

Das ewige Ringen um Anerkennung ihrer Arbeit, das angestrebte perfekte Funktionieren als Hausfrau und Mutter, der Kampf mit einer labilen Psyche und einem oft kranken Körper – jetzt hat alles ein Ende.

Erstaunlich ist dieser Sprung in den Tod nicht. Wer ertrüge noch mehr Belastungen, durchstünde noch mehr Erschöpfung?

Dennoch bleiben Rätsel. Warum hat sie den Tod gesucht, als es nun wieder aufwärtsging? Warum auf eine Art und Weise, die offenbar etwas demonstrieren will?

Die Familie

Sylvia Plath wird am 27. Oktober 1932 in Jamaica Plain, Massachusetts, geboren.

Die Eltern ihres Vaters Otto Plath stammen aus Deutschland; aus Grabow, einem Landstädtchen im preußischen Regierungsbezirk Posen. Otto Plath ist als junger Mann mit sechzehn Jahren zu seinen in die USA ausgewanderten Großeltern gekommen, wohl nicht zuletzt, um als überzeugter Pazifist dem Militärdienst zu entgehen. In Amerika überwirft er sich mit seinen Großeltern, die von ihm erwarten, daß er protestantischer Pfarrer wird. Sein Interesse gilt jedoch der Biologie und verwandten Wissenschaften, vor allem dem Werk von Charles Darwin. Als er die Wünsche seiner Großeltern mißachtet, wird er verstoßen, sein Name aus der Familienbibel gestrichen. Unter großen Schwierigkeiten, ganz auf sich allein gestellt, schlägt er dennoch eine akademische Laufbahn ein. Er ist dreiundvierzig, als er promoviert, und lehrt schließlich Biologie und Deutsch an der Universität von Boston.

Aurelia Plath, geborene Schober, Sylvias Mutter, wird 1906 als Tochter österreichischer Einwanderer geboren. Die Eltern haben hart arbeiten müssen, um in den USA Fuß zu fassen; es ist nie allzuviel Geld da.

Als ältestes Kind ist Aurelia von klein auf sehr ernst und strebsam und hat in der Schober-Familie als ungewöhnlich empfundene intellektuelle Interessen. Mit vierzehn beginnt sie neben der Schule in einer öffentlichen Bibliothek zu arbeiten. Auch während des Studiums am College verdient sie durch Ferienarbeit als Sekretärin ein Teil des Geldes, das für ihre Ausbildung aufgebracht werden muß, selbst.

In ihren Erinnerungen berichtet sie von einem Job bei einer Versicherungsgesellschaft, wo sie acht Stunden am Tag stumpfsinnige Formbriefe nach dem Phonographen tippen mußte – eine grausame Erfahrung, die sie ihren Kindern später unbedingt ersparen will.

Ihr Vater wünscht, sie solle eine Geschäftsfrau werden. Aurelia interessiert sich weit mehr für deutsche und englische Literatur, will Lehrerin werden. Gehorsam, wie sie ihren eigenen Worten nach gewesen ist, wäre es ihr jedoch nie in den Sinn gekommen, die Art der Ausbildung, die ihr Vater für sie vorgesehen hatte, in Frage zu stellen. Und so widmet sie sich geradezu verbissen den praktischen Fächern, belegt aber nebenher Sprach- und Literaturkurse. Es bedeutet eine große Anstrengung, einen praktisch-berufsbezogenen und einen akademischen Ausbildungsgang gleichzeitig zu bewältigen.

Aurelia muß – das beweist auch ihr weiterer Lebensweg – eine Frau gewesen sein, die sich selbst viel abverlangte, die danach strebte, der Norm zu entsprechen, aber auch von ihren Neigungen nicht abzulassen. Bezogen auf ihre Tochter wird das später von Bedeutung sein. Was sie mit eisernem Willen erkämpft hat – Erfüllung in Pflicht und Neigung –, mag sie mit einer gewissen Selbstverständlichkeit später von ihren Kindern auch erwartet haben.

Nach dem Collegeabschluß beginnt sie, Deutsch und Englisch an einer High School zu unterrichten, und bereitet sich gleichzeitig für den nächsthöheren akademischen Grad, den eines »Master of Art«, vor. Dies aber wiederum nicht ohne Bedenken, von anderen vielleicht als »Blaustrumpf« betrachtet zu werden.

Geboren in einer katholischen Familie, empfindet sie die Lehren und das Dogma dieser Kirche als zu streng und wird während ihrer Studienzeit praktizierende Methodistin.

Aurelia Schober und der einundzwanzig Jahre ältere Otto Plath lernen sich um das Jahr 1930 in einem Kurs für Mittelhochdeutsch kennen, den Otto leitet, obwohl sein Spezialgebiet Biologie ist. Rückblickend schildert Aurelia Otto als »spontan, heiter und voller Vertrauen«. Die beiden unternehmen gemeinsame Wanderungen. Er begeistert sie für Insekten- und Vogelkunde, sie weckt in ihm ein gewisses Interesse für Literatur und Theater.

Nachdem Otto sich von seiner ersten Frau, von der er seit dreizehn Jahren getrennt lebt, hat scheiden lassen, steht der Eheschließung mit Aurelia nichts mehr im Weg.

Das Verhältnis Aurelias zu Otto scheint das einer jungen Lehrerin zu einem von ihr wegen seines wissenschaftlichen Enthusiasmus bewunderten älteren Mannes gewesen zu sein. Es geht wohl nicht zu weit, wenn man annimmt, sie habe in ihm, dem um so viel Älteren, auch einen verständnisvollen Vater gesucht.

Vor ihrer Heirat haben Otto und Aurelia von einer echten Partnerschaft gesprochen, in der die doch recht unterschiedlichen Interessen beider sich verwirklichen sollten. Sie haben sich gemeinsame wissenschaftliche Projekte, wie beispielsweise eine Abhandlung über die Entwicklung der elterlichen Fürsorge im Tierreich, vorgenommen; Arbeiten, bei denen die Neigungen beider zu ihrem Recht gekommen wären.

Nach der Eheschließung gibt Aurelia ihren Beruf als Lehrerin auf. Wie sie selbst schreibt, fügt sie sich damit dem Wunsch ihres Mannes. Wenn man genau hinhört, klingt in der Art, wie sie davon berichtet, zwischen den Zeilen an, daß es nun in gewissem Sinn zu einer Übertragung des Gehorsams, den sie zuvor dem Vater zu schulden meinte, auf den Ehemann kommt.

In den ersten Jahren nach Sylvias Geburt arbeitet Otto seine Doktorarbeit zu einem Buch mit dem Titel *The Bumblebees and Their Ways* (etwa »Die Hummeln und ihre Lebensgewohnheiten«) um, das 1934 in dem renommierten Verlag Macmillan erscheint. Otto gelingt es nun endlich, relativ spät in seinem Leben, eine feste Anstellung als Professor an der Bostoner Universität zu bekommen.

Die Aufzeichnungen, die Aurelia Schober Plath dem Briefband ihrer Tochter voranstellt, vermitteln den Eindruck, daß alles in diesem Haushalt sich der Arbeit Otto Plaths an seinem wissenschaftlichen Werk unterordnen muß, das eine Voraussetzung für seine weitere akademische Karriere darstellt. Amerikanische Professoren werden, wenn sie sich um besserbezahlte Posten bewerben, an der Zahl und dem Stellenwert ihrer Publikationen gemessen.

Träume, die Aurelia vor der Ehe hinsichtlich eines offenen, gastlichen Hauses, in dem viele Studenten und gute Freunde verkehren, gehegt hat, muß sie zugunsten des Buches und eines großangelegten Beitrags über Insektenfamilien für ein wissenschaftliches Standardwerk, *A Handbook of Social Psychology,* begraben.

Nur an Abenden, an denen Otto an der Universität Abendkurse gibt, getraut sich Aurelia, Freunde und Bekannte zum Essen einzuladen. Aber auch das bringt Probleme mit sich. Die Abendessen spielen sich an einem Tisch ab, auf dem gewöhnlich Otto seine Bücher liegen hat, die nicht verrückt werden dürfen. Damit Otto keinen Anlaß zu Klagen hat, fertigt Aurelia, ehe sie den Tisch deckt,

eine genaue Zeichnung von der Position der verschiedenen Bände auf der Tischplatte an und legt die Bücher nach dem Essen, bevor Otto heimkommt, wieder genau an ihren Platz.
Gerade diese Episode wirft ein bezeichnendes Licht auf zwanghaft-pedantische Züge im Charakter Ottos, auf die in der Familie offenbar unbedingt Rücksicht genommen wird.
Auch von einer gemeinsamen wissenschaftlichen Arbeit des Ehepaars ist nun nicht mehr die Rede. Statt dessen reduziert sich Aurelias Rolle auf die einer unbezahlten wissenschaftlichen Hilfskraft. In ihrer Bemerkung, sie habe, als Ottos Abhandlung endlich fertig war, das Gefühl gehabt, einen intensiven und faszinierenden Kurs in Entomologie (Insektenkunde) gemacht zu haben, ist eine gewisse Frustration nicht zu überhören.
In der Ehe nimmt Otto bald einen »Herr im Hause«-Standpunkt ein. Zuvor ist von Partnerschaft und Arbeitsteilung bei der Hausarbeit die Rede gewesen. In der Praxis sieht auch das anders aus. Aurelia schreibt, sie sei sich ein Jahr nach ihrer Heirat darüber klar gewesen, sofern sie ein friedliches Heim haben wolle, müsse sie lernen, sich noch unterwürfiger zu verhalten, was ihr von Natur aus schwergefallen sei. Dennoch fühlt sie sich »ganz durchdrungen von dem Wunsch, eine gute Ehefrau und Mutter zu sein«.[1]
Sylvia ist ein gewünschtes und, so die Mutter, ein glückliches Kind. »Fast immer, wenn sie wach war, war sie Mittelpunkt.«[2]
Otto Plath beobachtet als Vater und als Wissenschaftler begeistert die Entwicklung seiner Tochter. Sind die Eltern mit Ottos »Insektengesellschaften« beschäftigt, kümmern sich die Großeltern um Sylvia, Aurelias Eltern, die den Sommer bei den Plaths verbringen.

Im April 1935 wird der Familie ein zweites Kind geboren, Sylvias Bruder Warren.
Durch die Mutter überliefert ist Sylvias Ausruf: »Ich habe mir eine Evelyn gewünscht, nicht einen Warren.«[3]
Die Geburt des Bruders wird für Sylvia zu einem einschneidenden, ihr Leben verändernden Ereignis. Das ganze Ausmaß ihrer seelischen Betroffenheit spiegelt sich in »Ocean 1212-W«, einem ihrer späteren Prosatexte:

»Ein Baby. Ich haßte Babys. Zweieinhalb Jahre lang war ich der Mittelpunkt einer zärtlichen Welt gewesen, und plötzlich drehte sich die Erdachse mit einem Ruck, und ein eisiger Frost ließ mich bis in die Knochen erstarren. Ich würde nur noch Zuschauer sein, ein Riese aus dem Museum. Babys!
Sogar meinem Großvater auf der Glasveranda gelang es nicht, mich aus meinem unermeßlichen Trübsinn zu locken ... Wie von einem Stern sah ich, kalt und nüchtern, daß jedes und alles für sich allein stand. Ich spürte meine Haut wie eine Mauer: Ich bin ich. Der Stein da ist der Stein. Meine schöne Verschmelzung mit den Dingen dieser Welt war vorbei.«[4]

Es sind bestürzende, Qualen verdeutlichende Sätze, die den Beginn einer Entfremdung kennzeichnen.

Der Tod des Vaters

Im Herbst 1936 zieht die Familie von Jamaica Plain nach Winthrop Center in Massachusetts um. Man wohnt nun nur ein paar Meilen von Aurelias Eltern entfernt, die in Point Shirley, einem Ort auf einer Landzunge, leben. Auf der einen Seite liegt der offene Ozean, auf der anderen Seite eine Bucht. Die Kinder sind sehr glücklich über diesen Umzug.

Sehr früh scheint sich in Sylvia eine besondere Beziehung zum Meer aufgebaut zu haben. Point Shirley und »die herrliche Formlosigkeit der See« werden öfter als jede andere Landschaft in Sylvia Plaths Prosa und in ihren Gedichten angesprochen.

In dem zuvor schon erwähnten autobiographischen Text, dessen Titel »Ocean 1212-W« von der Telefonnummer ihrer Großeltern abgeleitet ist, stellt sie fest:

»Die Landschaft meiner Kindheit war nicht Land, sondern das Ende vom Land – die kalten, salzigen, rollenden Hügel des Atlantik. Manchmal denke ich, daß mein Bild vom Meer das Klarste ist, was ich besitze.«[1]

Nach ihren eigenen Erinnerungen beginnt diese Vorliebe für das Meer sehr früh:

»Als ich zu krabbeln begann, setzte mich meine Mutter an den Strand, um zu sehen, welchen Eindruck die See auf mich machte. Ich kroch direkt auf die ankommende Welle zu und hatte eben die grüne Wand durchbrochen, als sie mich an den Fersen festhielt.«[2]

Und sie fragt sich, was wohl geschehen wäre, wenn es ihr gelungen wäre, diesen Spiegel zu durchdringen.

Es ist, als habe das Wasser, das Meer für sie etwas Bergendes, etwas, in dem sie aufgehen, sich verlieren kann. Aber das Bergende ist zugleich etwas Todesträchtiges, dessen Gefährlichkeit mißachtet, besser noch: einfach ausgeblendet wird.

Das Meer ist es auch, das Sylvia nach der Geburt des Bruders um ein Zeichen bittet, daß sie »auserwählt und etwas Besonderes«[3]

sei. Ein Zeichen, das ihr die Sicherheit geben soll, »nicht auf ewig verstoßen« zu sein. Und als das Meer ihr ein geschnitztes Holztier, einen Pavian, vor die Füße schwemmt, betrachtet sie dieses Spielzeugtier als Totem, als Schutzzeichen, mit dem sie sich auch gegenüber dem Neugeborenen zu behaupten gedenkt.
Später wird sie das Totem, das ihr hier noch das Meer zuspielt, selbst heraufholen, es sich erobern aus dem Meer ihrer Träume und Wünsche: Schreiben und Dichten werden für sie auch die Möglichkeit bedeuten, sich gegen Ängste zu schützen, sie mit Bildern abzuwenden.
Aus dieser Zeit, über die schon der Schatten der Krankheit des Vaters fällt, ist noch ein anderes Ereignis wichtig:
1938, Sylvia ist eben zur Schule gekommen, wird die Gegend von einem Hurrikan heimgesucht. Am stärksten gefährdet ist das Haus der Großeltern Schober durch seine Nähe zum Meer. Zwar hält die Mauer zur See hin, doch die Macht des Sturmes, der Fensterscheiben zu platzenden Blasen werden läßt und in der Umgebung tote Haifische bis in die Blumenbeete wirft, dürfte von einem Kind als Einbruch eines übermächtigen Schreckens empfunden worden sein, gegen den auch die Eltern und überhaupt die Erwachsenen hilflos sind.

Eine Woche nach Sylvias achtem Geburtstag stirbt der Vater. Sein Tod ist die zweite große Katastrophe in Sylvias Leben.
Gerade weil dies so ist, tut man gut daran, die Wirklichkeit und das, was in Sylvia Plaths Vorstellungswelt aus diesem Ereignis wird, zwar auseinanderzuhalten, aber auch die Verbindung zwischen wirklichem Geschehen und den Phantasien aufzuhellen.
Zunächst also die Realität. Seit mehreren Jahren haben sich bei Otto Plath Anzeichen einer schleichenden, gefährlichen Krankheit gezeigt. Er hat stark abgenommen, ist ungewöhnlich gereizt gewesen. Nachts treten Anfälle von Muskelkrämpfen auf. Trotzdem hat er sich entschieden geweigert, einen Arzt aufzusuchen.
Otto Plath hat zunehmend Schwierigkeiten, seiner Lehrtätigkeit nachzukommen. Viele seiner Arbeiten muß ihm seine Ehefrau abnehmen. Immer ist er müde, mehr und mehr zieht er sich von der Familie zurück.

Immer deutlicher bildet sich bei ihm eine Haltung heraus, die eine Biographin der Tochter so umschreibt: »Otto liebte seine Kinder, aber am meisten liebte er sie, wenn sie abwesend waren!«[4]
Sensibel, wie das kleine Mädchen, seine Tochter, ist, kann ihr die Veränderung, die mit ihrem Vater in diesen Jahren vor sich ging, nicht verborgen geblieben sein.
Trotz aller Fürsorge durch seine Ehefrau verschlechtert sich der Zustand von Otto Plath zusehends. Mitte August 1940 verletzt er sich an einer Zehe. Der Fuß schwillt an, wird schwarz; rote Streifen ziehen sich bis hinauf zum Knöchel. Ein Arzt wird gerufen. Eine genaue Untersuchung ergibt: Otto Plath leidet an Diabetes in einem fortgeschrittenen Stadium. Eine Krankenschwester wird zu seiner Pflege eingestellt. Sie besitzt eine alte Schwesterntracht, die für Sylvia zurechtgeschneidert wird. Ein Foto aus dieser Zeit zeigt Sylvia als schmucke kleine Krankenschwester.
Einmal, als die Schwester einen freien Tag hat und die Mutter mit den Kindern eine Stunde am Strand verbringt, bricht der Vater bei dem Versuch, in den Garten hinunterzugehen, zusammen.
Ein Facharzt, der ihn am nächsten Tag untersucht, stellt fest, daß die Amputation des einen, bereits vom Brand erfaßten Beines bis zur Hüfte nötig wird. Nachdem die Operation zunächst zufriedenstellend verläuft, stirbt Otto am 5. November 1940 an einer Lungenembolie. (Im Gegensatz zu der heute bei Thrombosegefahr praktizierten Methode hatte man den Kranken nicht aufstehen und sich bewegen lassen.)
Otto Plath ist fünfundfünfzig Jahre alt geworden.
Sylvias Reaktion, als die Mutter den Kindern die Todesnachricht bringt: »Ich werde nie wieder mit dem lieben Gott sprechen!«[5]
Als die Mutter ihr sagt, morgen brauche sie dann nicht in die Schule zu gehen, beharrt sie: »Ich *will* aber in die Schule.«[6]
Am anderen Tag aus der Schule heimgekehrt, überreicht sie der Mutter ein Stück zerknittertes Papier, auf dem steht: »Ich verspreche, daß ich nie mehr heiraten werde. Unterzeichnet ...«[7]
Die Mutter unterschreibt.
Was ihren verstorbenen Mann betrifft, so läßt sich bei Aurelia zwischen den Zeilen ein gewisser Vorwurf heraushören. So tragisch hätte sein Leben nicht enden müssen, wenn er sich nicht jahrelang

geweigert hätte, einen Arzt aufzusuchen. Nicht ausgesprochen, aber angedeutet wird, daß Otto eigentlich sich selbst umgebracht habe, daß er von einer gewissen Schuld für das mißliche Schicksal seiner Familie nicht freizusprechen sei.
Den Kindern wird solche Kritik der Mutter nicht verborgen geblieben sein.

Was Sylvia selbst angeht, so ist auffällig, daß sie den Tod ihres Vaters eigentlich nie verschmerzen kann. Sie schreibt wieder und wieder davon, sie ist von der Trauer um den Vater wie besessen, ohne sich je dieser Trauer so ausliefern zu können, daß sie schließlich durchlebt und ausgestanden wäre.
Ihr Großvater, ein freundlicher Mann, der Sylvia viel Aufmerksamkeit widmet, scheint nicht in der Lage gewesen zu sein, die Lücke auszufüllen, die der Vater hinterläßt. Andererseits kann Sylvia nicht verborgen geblieben sein, daß Otto Plath nicht so ungewöhnlich und großartig gewesen ist, wie sie ihn sich offenbar gewünscht hat, besonders als Vater.
Es ist eine zwiespältige Haltung, die Sylvia gegenüber dem toten Vater in sich aufbaut. Einerseits sieht sie ihn als Opfer von Selbstmord oder Mord wie in den Zeilen eines Gedichtes mit dem Titel »Elektra auf dem Azaleen-Pfad«:

> Ich bin der Geist eines infamen Selbstmordes.
> Meine blaue Rasierklinge rostet in meinem Hals.
> Verzeih jener, die nach Mitleid heischend an
> dein Tor klopft, Vater – deiner Hündin, Tochter, Freundin.
> Es war ja meine Liebe, die uns beide umgebracht.[8]

In anderen Gedichten stellt Sylvia Plath sich als Klytämnestra dar und spricht von dem Vater als »Bräutigam«. Sie schreit ihre Liebe und ihren Haß hinaus. Sie will den Vater töten, wie er sie getötet hat.
In der Erinnerung klingt die Stimme des Vaters, wie es in einem Gedicht heißt, »barbarisch und gotisch, rein deutsch«.[9]
Wie ihre Romanheldin Esther Greenwood wird auch Sylvia, als sie Deutsch in der Schule lernt, ihre Schwierigkeiten damit haben, in

diesem Fach gute Noten zu bekommen. In dem Roman *Die Glasglocke* heißt es:

»Jedesmal, wenn ich ein deutsches Wörterbuch oder ein Buch auf deutsch in die Hand nahm, ging mir schon beim Anblick dieser dichten, schwarzen Stacheldrahtbuchstaben der Kopf zu wie eine Miesmuschel.«[10]

Sie selbst erklärt diese zwiespältigen Empfindungen beim Gedanken an ihren Vater gegenüber einer Freundin einmal so:

»Er war ein Aristokrat. Ich bewunderte und verachtete ihn, und wahrscheinlich habe ich mir oft gewünscht, er sei tot. Als er mir den Gefallen tat und starb, stellte ich mir vor, ich hätte ihn getötet.«[11]

Schon hier muß auf einen merkwürdigen Vorgang hingewiesen werden: auf den besonderen Zusammenhang zwischen individuellem Schicksal und der Zeitgeschichte, wie ihn Sylvia Plath in ihrer Phantasie herstellt.
Sylvia ist 1932 geboren. Das kann man auch lesen: ein Jahr vor Hitlers Machtergreifung.
Jedes Kind interessiert sich irgendwann einmal für die Herkunft seiner Eltern. In diesem Fall ist es Österreich von seiten der Mutter. »Schnee in Tirol, helles Bier in Wien«[12], wird es in einem Gedicht heißen.
Vielleicht war die Großmutter eine Zigeunerin, wird Sylvia später überlegen. Wie die Juden, so wurden auch die Zigeuner als »Untermenschen« bezeichnet und sollten ausgerottet werden.
Von den möglichen Zigeunern unter ihren Vorfahren mütterlicherseits und dem eigenen Interesse an Tarockkarten (gemeint sind wohl Tarotkarten) stellt sich eine Assoziation zu den Juden her:
». . . ich bin vielleicht auch ein wenig ein Jud . . .«[13]
Der Vater kommt aus einem bei seiner Geburt zum deutschen Reich gehörenden Teil Polens. Sein Bild verbindet sich bei Sylvia Plath mit dem Bild vom häßlichen Deutschen:
»Ich dachte, jeder Deutsche seist du . . .«[14]

Er, der tatsächlich Pazifist gewesen ist, der das Aufkommen des Nationalsozialismus in seiner Heimat gar nicht mehr erlebt haben kann, wird später von ihr in ihren Gedichten dennoch mit den Nazis und ihren Untaten in Zusammenhang gebracht:

Ich mach ein Modell, das bist du,
Ein Mann in Schwarz mit Meinkampfgesicht.
Der die Folter liebt und das Blut.
Und ich sagte, ja, gut, ja, gut.[15]

Sie selbst wird sich mit dem Schicksal der im Holocaust getöteten Juden identifizieren:

Ein ratterndes Knattern, ein Zug,
Der mich forttrug, als wär ich ein Jud.
Ein Jud nach Dachau, Auschwitz, Belsen.
Ich fing zu reden an wie ein Jud.
Ich denke, ich bin vielleicht ein Jud.[16]

Fragt man sich, wie es zu einer solchen Übertragung kommen kann, so findet man die Antwort wiederum in dem Gedicht »Papi«:

Jede Frau liebt einen Faschisten,
Im Gesicht den Stiefel, und den, der sie haut,
Und das Herzverhau eines wie du, der das tut.[17]

Hier ist Erich Frieds Übersetzung nicht allzu genau. Die letzten Zeilen lauten: »The boot in the face, the brute / Brute heart of a brute like you.« Also »wörtlicher«: »Den Stiefel im Gesicht, das Untier / Brutales Herz eines Untiers wie du.«

Die Übertragung läuft also über die Brutalität der Männer gegen die Frauen überhaupt zur Brutalität dieses Mannes gegenüber der eigenen Frau und der eigenen Tochter, sei sie nun vorgestellt oder real.

Es ist hier nicht darüber zu befinden, ob dies »gerecht« oder ungerecht ist. Es ist nur an Hand der Gedichte festzustellen, daß dieser Prozeß in der Vorstellung Sylvia Plaths so verlaufen ist.

Der Tod des Vaters hat auch materielle Konsequenzen. Die Witwe erhält keine Pension. Eine Lebensversicherung in Höhe von 5000 Dollar wird durch die Kosten für Medikamente, für die Beerdigung und den Kauf einer Grabstelle aufgezehrt.
Die Mutter beginnt wieder zu arbeiten. Zunächst unterrichtet sie an einer High School in der Nähe Deutsch und Spanisch.
Sylvias Großvater verliert ein paar Tage nach der Beerdigung seines Schwiegersohns seine Stellung aus gesundheitlichen Gründen. Er kann froh sein, daß er schließlich als Empfangschef in einem Hotel unterkommt.

Ein Teenager in den fünfziger Jahren

Am Tag vor Sylvias zehntem Geburtstag, im Oktober 1942, verkauft die Mutter das Haus in Winthrop und übersiedelt mit den Kindern in ein kleineres Haus nach Wellesley Hills, einem Bostoner Vorort der oberen Mittelklasse, landeinwärts gelegen. Ihre Eltern, die Schobers, ziehen mit in das neue Haus.

Es ergibt sich also eine Familiensituation, die uns nicht so ungewöhnlich vorkommt. Eine junge Frau von Mitte Dreißig verdient das Geld. Die Großeltern kümmern sich um die beiden heranwachsenden Kinder. Für Aurelia Plath ergibt sich nämlich die Chance, am Boston University College einen Kurs für Arzthelferinnen aufzubauen und zu leiten. Ihr Jahresgehalt beträgt zu diesem Zeitpunkt nur 1800 Dollar und wird sich während der nächsten drei Jahre nicht erhöhen.

Sylvia kommt an dem neuen Ort zunächst in die sechste Klasse. Als man aber feststellt, daß die meisten Mitschülerinnen fast zwei Jahre älter sind als sie, dringt die Mutter darauf, daß Sylvia in die fünfte Klasse zurückgestuft wird.

Wer Aufzeichnungen von Sylvias Mutter Aurelia liest, gewinnt daraus etwa den folgenden Eindruck: Sie ist eine lebenstüchtige Frau, die die schwierige Situation praktisch angeht, die alles tut, um für ihre Kinder zu sorgen und ihnen eine gute Bildung zukommen zu lassen.

Es ist anzunehmen, daß sie, was die schulischen Leistungen betrifft, an ihre Tochter und ihren Sohn beträchtliche Anforderungen stellt, denen Sylvia offenbar auch ohne größere Schwierigkeiten gerecht wird. Ihr Intelligenzquotient, der um diese Zeit einmal festgestellt wird, soll bei 160 gelegen haben.

Sylvia selbst ist voller Ehrgeiz, was ihre Berufswünsche angeht. Buchillustratorin, Modedesignerin oder Autorin möchte sie werden.

Ihr Verhältnis zur Mutter ist nicht unproblematisch.

1943 muß Aurelia wegen Darmblutungen drei Wochen ins Krankenhaus. Während ihr Bruder zu einer Tante kommt, wird Sylvia, die noch nie von daheim fortgewesen ist, in einem Pfadfinderinnenlager untergebracht.

Aus dem Lager schreibt sie einmal:

»Alle Mädchen aus meinem Zelt gehen heute heim. Ich fühlte mich ausgesperrt. Ich habe auch gestern keinen Brief von Dir bekommen. Ich hoffe, es ist alles in Ordnung.«[1]

Einige Jahre später bekommt die Mutter den Posten einer Dekanin an der Northeastern University in Boston angeboten, eine Stellung, die nicht nur mit einem höheren Gehalt verbunden gewesen wäre, sondern auch Aurelias besonderer Fähigkeit, mit Menschen umzugehen und ihre Konflikte zu lösen, gut entsprochen hätte.
Sylvias Äußerung bei der Diskussion im Familienkreis über die Frage, ob die Mutter den Posten annehmen soll oder nicht:
»Nur um selbst noch mehr Macht zu bekommen, willst du uns völlig zu Waisen machen.«[2]
Aurelia lehnt das Angebot schließlich ab.
Hier ist etwas von den Verlassensängsten zu spüren, die in Sylvias Kindheit aufkommen. Später werden sie zu Abhängigkeiten und einer Selbstbezogenheit führen, die häufig ihre Beziehungen zu anderen Menschen schwierig werden lassen.

Zwischen ihrem zehnten und fünfzehnten Lebensjahr verläuft Sylvia Plaths Leben äußerlich in den Bahnen einer Tochter aus einer durchschnittlichen amerikanischen Mittelstandsfamilie.
Sie wird Pfadfinderin wie viele junge Mädchen. Für ihre Papierpuppen entwirft sie ganze Modekollektionen. Ihren Großeltern schenkt sie Postkarten mit selbstgemalten Skizzen, auch Gedichte, die in der Schülerzeitung veröffentlicht werden. Einmal kauft Aurelia für sich und ihre Kinder Theaterkarten für Shakespeares *Der Sturm*. Die Art und Weise, wie sie davon berichtet, macht klar, daß dies eher ein Ausnahmeereignis gewesen sein muß.
Die Mutter hat ihrer Tochter zu Weihnachten immer ein Tagebuch mit Datumsangaben geschenkt. 1945, es ist das Jahr, in dem der Zweite Weltkrieg endet, bittet Sylvia die Mutter, ihr nun ein Tagebuch ohne Datierungen zu schenken, denn: »Wenn die großen Augenblicke kommen, ist eine Seite nicht genug«.[3]
Die Mutter berichtet von langen Gesprächen mit der Tochter über

Bücher, Musik und Malerei. Beide haben Freude am genauen Ausdruck, am präzisen Umgang mit dem gesprochenen und geschriebenen Wort.
In ihr Tagebuch schreibt die nun vierzehnjährige Sylvia:

»Wie gut, wenn man lange Wörter kennt! Ich versuche, sie in meinen Wortschatz aufzunehmen – sie sind ja sooo nützlich. *Exempli gratia:* Heute morgen habe ich zu Warren (dem Bruder) gesagt, daß er ›ostentativ abscheulich überflüssig‹ sei, und er hatte nicht die leiseste Ahnung, was ich meinte.«[4]

Den heranwachsenden Kindern vermittelt die Mutter ihre und ihres verstorbenen Mannes Überzeugung, wie wichtig es ist, sich ein idealistisches Ziel zu setzen und sein Leben danach auszurichten.
Gedichte rühren Sylvia seit ihrer Kindheit an. Eine Strophe wie die aus einem Gedicht der zu dieser Zeit sehr populären Dichterin Edna Vincent Millay kann sie tief betroffen machen:

Ein Mann verhungerte in Capri.
Er wandte seine Augen und sah mich an.
Ich spürte seinen Blick, ich hörte sein Stöhnen,
Und ich wußte: Du selbst bist der hungernde Mann.[5]

Sie liest fast alle Bücher, die ihre Mutter besitzt. In einem mit dem Titel *Eine kurze Geschichte der Frau* von Langdon Davies streicht sie unter anderem den folgenden Absatz an:

»Sobald beide Geschlechter ihren Verstand gleichermaßen gebrauchen und beim Ausleben ihrer Gefühle keine unterschiedliche Bestrafung zu erwarten haben, können die Frauen gar nicht umhin zu dominieren. Wenn Natur und Kunst ihre grausame Allianz gegen sie aufgeben, sind sie das stärkere Geschlecht, denn es besitzt größere Zielstrebigkeit und einen größeren Reichtum an Phantasie, da alle Männer diese beiden Besitztümer verlieren müssen durch die Institutionen und die Notwendigkeiten unserer Industriegesellschaften . . .«[6]

Es könnte zum erstenmal hier gewesen sein, daß Sylvia Plath, angeregt von dieser Lektüre, über die Rolle von Männern und Frauen, die Erwartungshaltung der Gesellschaft, aber auch über mögliche Veränderungen dieser Normen nachgedacht hat.

Mit fünfzehn, Sylvia besucht nun die Junior High School, ist sie 1,77 Meter groß, ein linkisches, hochaufgeschossenes Mädchen. Ihrer Mutter gegenüber behauptet Sylvia Plath später, sie sei froh, daß sie damals nicht hübsch gewesen sei oder allzubald einen festen Freund gehabt habe, da sie gerade in diesen Junior-High-School-Jahren eine Arbeitsmethode und ein gewisses Können in ihren Lieblingsgebieten, dem Malen und Schreiben, entwickelt habe, was ihr Preise bei den jährlichen Wettbewerben um den Schulpreis eingetragen habe.
Man kann es auch anders sehen, so wie Linda Wagner-Martin, eine ihrer Biographinnen. Sie schreibt, Sylvias Ehrgeiz auf der High School sei es gewesen, Verabredungen *(dates)* mit so vielen Jungen wie möglich zu treffen. Die Jungen aber seien durch ihre Gescheitheit und ihre lässig-lockere Art etwas eingeschüchtert worden.
Ein anderes Problem mag gewesen sein, daß sie nicht aus den tonangebenden Kreisen des Ortes kommt. Wellesley ist ein Vorort der reichen Leute, und die Lebensumstände der Plath-Familie müssen, verglichen mit denen der Nachbarn, als bescheiden gelten.
Auch Sylvias ausgeprägte literarische Interessen dürften die Jungen, mit denen sie ausgehen wollte, eher verunsichert haben. Langsam nämlich zeichnet sich ab, daß das Schreiben von Gedichten bei ihr mehr und anderes ist als eine vorübergehende Infektion, die viele in der Pubertät einmal befällt.
Ein Gedicht der Vierzehnjährigen, »Ich dachte, daß ich unverletzbar sei«, beeindruckt ihren Englischlehrer immerhin so sehr, daß er es einem Kollegen zeigt, der nach der Lektüre ausruft:
»Kaum zu fassen, daß jemand, der so jung ist, etwas so Vernichtendes erlebt haben kann.«[7]
Dabei scheint der Anlaß zu dem Gedicht eher harmlos. Sylvia hatte daheim an einem Tisch gesessen und mit Pastellfarben ein Stilleben gemalt. Durch eine Unachtsamkeit ihrer Großmutter, die ihre Schürze abgenommen und auf den Tisch geworfen hatte, war

das Bild verwischt worden. Sylvia hatte die erschrockene Großmutter getröstet: »Mach dir nichts draus; ich kriege es wieder hin.«[8]
Erst im Gedicht wird die Intensität ihrer Betroffenheit und ihre Verletzbarkeit durch das Ereignis erkennbar:

> Ich dachte, daß ich unverletzbar sei;
> dacht, ich sei ein für allemal
> unerreichbar für das Leid –
> gefeit vor innerm Schmerz,
> und Qual.[9]

Manche Bilder sind noch klischeehaft. »Mein Geist flog weiter als die Möwe«, lautet eine Zeile, eine andere: »Zerstört war da mein Silbernetz aus Glück«.
Daneben stehen einzelne Strophen, über die man nur staunen kann. So ungezwungen, einfach, selbstverständlich hingesetzt sind sie. In Melodie und Metaphorik schon perfekt, so perfekt, daß es einem Gänsehaut über den Rücken jagt, wenn man an das Alter der Verfasserin denkt:

> So leicht verletzbar unser Herz –
> ein stoßender Puls, ein zitternd Ding –
> ein zerbrechliches, glänzendes Instrument
> aus Glas, das einmal weint,
> dann wieder singt.[10]

Sylvia zeigt die Gedichte, die sie schreibt, ihrem Englischlehrer, der sie offenbar in der Klasse laut vorliest und kommentiert.
Ihr Englischlehrer, Wilbury Crockett, ist ein Mann, der seine Schülerinnen und Schüler für die Werke der Weltliteratur zu begeistern versteht. Griechische Dramen werden bei ihm ebenso behandelt wie Dostojewskis *Aus einem Totenhaus* und *Schuld und Sühne* und, aus den Reihen der Moderne, Yeats, Joyce, Faulkner und Thomas Mann.
Crockett redet seine Schüler mit »Mister« und »Miss« an und ermutigt sie, ihre Überzeugungen zu vertreten. Einige der Aufsatz-

themen, die er stellt, beziehen sich auf politische Tagesereignisse und die Verantwortung des einzelnen für ein gewissenhaft-humanes Handeln.

Später, als Sylvia Plath schon aufs College geht, muß sich Crockett wegen seiner pazifistischen Gesinnung vor dem Gemeinderat des Ortes verantworten. Man verdächtigt ihn, Sympathien für den Kommunismus zu haben – ein Vorwurf, bezeichnend für die Atmosphäre der Gesinnungsschnüffelei während der McCarthy-Ära in den USA, in der es einen »Ausschuß für unamerikanische Umtriebe« gab, vor dem sich viele Politiker und Intellektuelle verantworten mußten.

Sylvia wird sich über solche Gesinnungsschnüffelei empören. Ihre Sympathien gelten jenen amerikanischen Politikern, die vor einem krassen Imperialismus warnen und gesellschaftliche Veränderungen für nötig erachten.

Eine Eigenart von Crocketts Literaturkurs besteht darin, daß jede Schülerin und jeder Schüler aufgefordert ist, mit einem gewissen Betrag, den sie selbst verdienen sollen, zu CARE-Paketen beizutragen, die nach Deutschland geschickt werden. Aus diesem Anlaß tritt Sylvia 1952 in Briefwechsel mit einem jungen Deutschen, Hans Neupert. In den Briefen diskutieren die beiden jungen Leute über die Atombombe, den Krieg in Korea und die Friedensbewegung.

Wir kennen den genauen Wortlaut dieser Briefe nicht. Aber es ist sehr wohl denkbar, daß Sylvia in ihnen auch etwas über die Situation in Deutschland – die Heimat ihres Vaters – in Erfahrung zu bringen versucht hat.

1950 war der Koreakrieg ausgebrochen. Zwischen diesem Ereignis und der sich zu dieser Zeit schon anbahnenden Wiederbewaffnung der Bundesrepublik besteht ein direkter Zusammenhang.

Es muß sich für einen amerikanischen Teenager ein merkwürdig widersprüchliches Bild ergeben haben:

Da waren die Berichte von den Untaten der Deutschen im Krieg, von den Grauen der Konzentrationslager. Aber den darbenden Deutschen sollte man CARE-Pakete schicken. Gleichzeitig waren die Deutschen, gegen die man vor kurzem noch einen Kreuzzug in Zeichen von Humanität und Demokratie geführt hatte, nun als militärische Bundesgenossen gegen die »Gefahr des Bolschewismus« wieder gefragt.

Crockett ist erstaunt über Intensität und Spannbreite von Sylvias Interessen, den Einsatz, den sie für die Schule leistet. Er fragt sich, ob sie eigentlich nie ausspannt. Tatsächlich kann sie gerade um diese Zeit endlich damit aufhören, Schlafmittel einzunehmen. Schlafstörungen traten bei ihr zumindest seit der Pubertät auf. Auch ihre häufigen Anfälle von Trigeminusschmerzen kann man als Warnzeichen einer zu starken psychischen Belastung ansehen. Später wird sich ihr Lehrer daran erinnern, daß Sylvia ihre eigenen Errungenschaften und Leistungen immer herabzusetzen bemüht ist. Von ihrer Unsicherheit zeugen Bemerkungen wie: »Ich weiß, es ist nicht sehr gut« oder »Ich hab nicht mein Bestes gegeben«.
In ihrem Tagebuch fragt sich Sylvia, welchen Einfluß wohl die Tatsache, daß sie schreibt, auf die neuerdings bei ihren Klassenkameraden offenbar errungene Beliebtheit haben wird. Das deutet darauf hin, daß sich schon in diesem Alter Konflikte ergeben zwischen ihrer Rolle als junges Mädchen, das populär und beliebt sein möchte, und ihrem Interesse an Kunst und Literatur. Das Schreiben macht ihr ein schlechtes Gewissen.
Zwei Jahre später, im Sommer 1950, wird sie in ihrem Tagebuch notieren:

»Daheim auf meinem Schreibtisch liegt die beste Geschichte, die ich je geschrieben habe. Wie kann ich Bob erklären, daß mein Glück aus einem Stück Leben, das ich mir abgerungen habe, strömt, einem Stück Verletzung und Schönheit, verwandelt in mit Schreibmaschine geschriebene Worte auf einem Stück Papier? Wie kann er wissen, daß ich mein Leben, meine gewagten Emotionen, meine Gefühle rechtfertige, indem ich sie in Gedrucktes umsetze?«[11]

Auch in einem Gedicht, das sie 1948, also mit sechzehn Jahren verfaßt, gibt sie Auskunft darüber, was das Schreiben ihr bedeutet:

Du fragst, warum mein Leben Schreiben ist?
Ob es mich unterhält?
Die Mühe lohnt?
Vor allem aber, macht es sich bezahlt?
Was wäre sonst der Grund? . . .
Ich schreib allein
Weil eine Stimme in mir ist,
Die will nicht schweigen.[12]

Um diese Zeit schickt sie Texte an das in den USA unter Teenagern weitverbreitete Magazin *Seventeen,* in dem es eine Spielwiese für junge Talente gibt. Nach fünfundvierzig abgelehnten Manuskripten gibt die Redakteurin Sylvia auf dem Rand eines Ablehnungsschreibens einen guten Rat, der eigentlich für eine angehende Autorin ein schlechter ist, weil ihr hier nicht jemand Mut zur Eigenständigkeit macht, sondern Anpassung an die gängigen Muster empfiehlt. Sie müsse sich darüber klarwerden, schreibt die Redakteurin, was im Trend liege. Am besten gehe sie in die Bibliothek und sähe sich ganze Jahrgänge von *Seventeen* durch. Dann werde ihr rasch klarwerden, mit welchen Themen sie eine Chance habe. Sylvia befolgt diesen Rat. Im August 1950 – sie ist nun achtzehn – wird ihre erste Geschichte veröffentlicht. Sie trägt den Titel »Und der Sommer wird nie mehr kommen«. Sylvia erhält dafür ein Honorar von 15 Dollar. Im November druckt dieselbe Zeitschrift auch eines ihrer Gedichte ab.

Es muß hier nun ein kritisches Wort zu dem Bild gesagt werden, das die Mutter in der Einleitung der *Briefe nach Hause* von ihrer Tochter entwirft. Ein wenig – und wer wollte ihr das verübeln – stilisiert sie rückblickend Sylvias Teenagerzeit zu der Idylle eines heranwachsenden Genies. Das Verhältnis zwischen Mutter und Tochter wird als wunderbar in Ordnung beschrieben, als »psychische Osmose«, »schön und trostreich«. Aurelia verweist auf einen Satz, den die fünfzehnjährige Tochter in ihrem Tagebuch festhielt:
»Wenn ich einmal Mutter bin, will ich meine Kinder genauso erziehen, wie du uns erzogen hast.«[13]
Das Verhältnis zwischen Bruder und Schwester wird als ausge-

zeichnet geschildert, und wenn Außenstehende nicht begreifen, welche Anstrengungen und Frustrationen literarischen Erfolgen vorausgehen – die Familie ist Sylvias Trost und Schild.
Eine »Selbstdarstellung«, die Sylvia für die Schule schreibt und mit Fotos versieht, bringt uns hingegen ihr Wesen in dieser Zeit viel realistischer nahe. Es heißt darin:

»Und dann kommt eine Zeit in deinem letzten Jahr auf der High School, da, weil du den Ozean liebst, den Wind und den Sand, jemand grinst und dich runter ans Meer fährt, oder weil du Gedichte magst, schenkt dir jemand eine Gedichtanthologie zur Abschlußprüfung, und weil dieser Jemand schon ins College geht und ein hübscher Bursche ist, lädst du ihn ein zu deinem Schulfest und schreibst ihm im Sommer aus den Ferien jeden Tag einen dicken Brief mit kleinen farbigen Bildchen am Rand des Briefpapiers, und magst du dich auch verändern und erwachsen werden, es gab einmal eine Zeit, da war dieser Jemand schrecklich wichtig für dich.«[14]

Die Grenzen des Erfolges oder Einmal muß man erwachsen werden

Einige Tage ehe für Sylvia Plath im September 1950 ihre Zeit am College beginnt, schreibt sie als Stoßseufzer – Adressat ist Gott oder das Schicksal! – in ihr Tagebuch:

»Bewahre mich davor, täglich drei Mahlzeiten am Tag kochen zu müssen – erspare mir den unbarmherzigen Käfig von Routine und reiner Mechanik.«[1]

Sie bringt ihre Verachtung gegenüber der konventionellen Ehe zum Ausdruck, bei der von der Frau erwartet wird, daß sie pünktlich die Mahlzeiten organisiert und den Haushalt in Ordnung hält. Das Eingespanntsein in einen solch mechanischen Ablauf erscheint ihr unerträglich, mit einer künstlerischen Betätigung unvereinbar. Sie wünscht sich statt dessen Freiheit und Selbstverwirklichung.

In einer Art von Mächtigkeitsrausch stellt sie sich vor, wenn sie Gott wäre, hätte sie keine Sorgen mehr. Wörtlich heißt es bei ihr:

»Ich glaube, ich würde mich gern das Mädchen nennen, das Gott sein möchte.«[2]

Abscheu vor der Routine, Furcht, von ihr zerschlissen zu werden, und dann wieder übersteigertes Selbstvertrauen bis zum Vergleich mit Gott: Klingt das nicht nach einer seelischen Störung, nach einer Neurose?

Aber ist nicht auch eine ganz andere Einschätzung denkbar? Bedarf es nicht in einer Gesellschaft, die vom einzelnen vor allem Anpassung fordert, übermenschlicher Anstrengungen, sich genau dem zu verweigern?

Hier kommt sicherlich auch Sylvia Plaths familiäre Erfahrung zur Geltung: einerseits das (Vor-)Bild Aurelias als aufopfernde Ehefrau und Mutter, andererseits die Ermutigung durch ebendiese Mutter in ihren hochfliegenden Plänen.

Nancy Hunter Steiner, im letzten Jahr auf dem College Sylvia Plaths Zimmergenossin und Freundin, beschreibt in ihren unter dem Titel *A Memory of Sylvia Plath* erschienenen Erinnerungen den sozialen Hintergrund, vor dem man das Schicksal junger Frauen aus der sogenannten schweigenden Generation sehen muß:

»Die Generation, zu der wir beide gehörten, verbrachte die Jahre, die sie entscheidend prägten, vor dem Radio, in dem die Nachrichten von den Schlachtfeldern des Zweiten Weltkriegs durchgegeben wurden, jenes Krieges, der alle Kriege ein für allemal beenden würde.
Jene Jahre waren eine Zeit neuer Möglichkeiten, neuen Reichtums und neuer Glücksumstände, neuer Dimensionen des amerikanischen Traums.
Wir hatten miterlebt, wie unsere Mütter in bis dahin nie gekannter Zahl berufstätig geworden waren, während die Nation einen Wohlstand erreicht hatte, der seinesgleichen auf der Welt suchte, und die Menschen in diesem Land geeinigt waren in der fraglosen Hingabe an ein nationales Ziel.
Wir wuchsen heran mit einer Diät von Thunfisch und Makkaroni und entdeckten, als wir alt genug waren, um Seidenstrümpfe zu tragen, daß diese sich alle in Fallschirme verwandelt hatten.
Wir wuchsen heran, an Opfer gewöhnt. Als der Krieg aus war, hörten wir mit starrem Unglauben von Hitlers fast gelungenem Versuch, die Juden auszurotten, und lernten, mit den Realitäten und der atomaren Bedrohung zu leben.«[3]

Wozu noch in Hinsicht auf die neuartige Berufstätigkeit der Frau anzumerken wäre: Nach Ende des Zweiten Weltkriegs nehmen die aus dem Krieg heimkehrenden Männer die Arbeitsplätze wieder ein. Vielfach müssen die Frauen ihnen Platz machen. Aber bald ist die Großmacht USA in neue Konflikte, diesmal in Asien, verwikkelt.
Sylvia Plath beginnt einen wichtigen Lebensabschnitt zu einer Zeit, da viele junge Männer ihrer Generation eingezogen und in den Krieg nach Korea geschickt werden. In den Jahren, da Dwight

Eisenhower als Präsident im Weißen Haus sitzt und Senator Joseph McCarthy seine Hexenjagd auf vermeintliche Vaterlandsverräter und Kommunisten beginnt.
Noch einmal dazu Nancy Hunter Steiner:
»Uns hatte man seit frühester Kindheit dazu ermutigt, daran zu glauben, alles werde bald gut werden, im besten aller möglichen Länder, und wir sahen keinen Grund, diesen Optimismus aufzugeben. Wir packten unsere Kaschmirpullover und unsere unerschütterlichen Überzeugungen in einen Satz funkelnagelneuer Koffer und machten uns auf den Weg.«[4]
Diese Beschreibung mag für viele Studentinnen dieser Zeit zutreffen. Aber man kann mit Fug und Recht daran zweifeln, ob Sylvia Plaths Optimismus auch noch so ungebrochen war, ob ihre Überzeugungen so unerschütterlich waren wie bei der Mehrzahl ihrer Altersgenossinnen.
Smith College jedenfalls mit seinen Rasenflächen und Parks um ein Gewässer, das bezeichnenderweise »Paradies-Teich« heißt, mit seinen fünfunddreißig Schlafhäusern, in denen ausschließlich Mädchen und Frauen logieren, ist eine Welt, in der sie sich nur schwer zurechtfindet. Der soziale Unterschied zwischen ihr und der Mehrzahl ihrer Mitstudentinnen verschärft sich, verglichen mit der Situation an der High School, nun noch mehr.
Die soziale Herkunft, den herrschenden Modetrend und die gängigen Ansichten der Studentinnen schildert Hunter Steiner auf eine Weise, daß man schon beim Lesen der Beschreibung nervös wird:

»Die stereotype Smith-Studentin um die Mitte der fünfziger Jahre war eine Konformistin wie viele Tausende von Erstsemestern dort und anderswo zuvor und danach. Es waren Mädchen, denen es darum zu tun war, als College-Studentinnen wahrgenommen zu werden. Sie waren darauf bedacht, eine ordentliche Uniform zu tragen, in diesem Fall Bermudashorts, Kniestrümpfe und Blusen mit hochgeknöpften Kragen. Die Frisur war lässig, aber präzis im modischen Stil gehalten. Wenn möglich war man als Studentin knochig, kantig und hatte eine flache Brust. Wo nicht, widmete man eine gehörige Portion seiner grenzenlosen Energie dem Versuch, einem Ideal nahezukommen: sich mit untertreibender, einstudierter Informalität zu geben und so aufzutreten, daß menschliche Wärme und Zuwendung zum Ausdruck kamen.«[5]

Natürlich gab es neben der angepaßten Mehrheit auch eine nonkonformistische Minderheit. Zu dieser würde sich Sylvia Plath selbst wohl gerechnet haben.
Sie weiß: Mit ihren Leistungen muß sie sich eines Stipendiums von 1300 Dollar würdig erweisen.[6] Makel in ihrem sozialen Erscheinungsbild, Mängel in ihren Verhaltensmustern werden sichtbar und von ihr durchaus schmerzlich empfunden. Ihre Kleidung ist nicht lässig genug. Sie kann kein Bridge spielen. Die Arbeitsanforderungen beim Studium scheinen ihr gewaltig.
Vorsorglich schreibt sie an die Mutter, mit den an der High School durchgehend guten Noten werde es nun wohl vorbei sein. Sie werde froh und zufrieden sein, wenn sie überhaupt irgendwo ein »A« (nach dem amerikanischen System die beste Note) bekomme.
Es sind die Anonymität und der Anpassungsdruck, die Ekel in ihr hervorrufen:

»Gott, wer bin ich? . . . Überall Mädchen, die Bücher lesen. Aufmerksame Gesichter, Fleisch rosa, weiß, gelb. Und ich sitze hier ohne Identität . . . Wenn ich mich verschnaufe, wenn ich nach innen denke, werde ich verrückt.«[7]

Sie belegt Kurse in europäischer Geschichte, Botanik, Malerei, Englisch, französischer Literatur und Sport. Ihre schlechteste Note erhält sie in Sport, ein schwaches »B« (eine Zwei minus), in allen anderen Fächern aber bekommt sie wiederum »A« oder »A minus«, mit Ausnahme von Englisch, wo sie es, offenbar wegen Schwierigkeiten mit der Dozentin, nur auf ein »B plus« bringt.
Mit der Zeit schließt sie auch Freundschaften mit Kommilitoninnen, mit Marcia Brown, die im Hauptfach Soziologie studiert, mit Sydney Webber, die ebenfalls schreibt und auch schon in der Zeitschrift *Seventeen* publiziert hat.
Mit Sydney arbeitet sie zusammen im Presseausschuß des College. Für ein Honorar von 20 Dollar im Monat haben die beiden Mädchen die Presseerklärungen des College zu verfassen.

Wer aber Erinnerungen von Bekannten und Freundinnen Sylvias liest, gewinnt den Eindruck, daß sie in einer Außenseiterrolle blieb, freilich in der einer Außenseiterin, die von den anderen auch bestaunt und bewundert wurde.
In diesem ersten Jahr auf dem College lernt Sylvia Plath auch jene Frau kennen, die das Geld für ihr Stipendium zahlt. Es ist die in den USA bekannte Schriftstellerin Olive Higgins Prouty, die von nun an so etwas wie die Rolle einer »Vizemutter« und Mentorin bei ihr spielen wird.
Sylvia findet es nicht leicht, den hohen Erwartungen, die ihre Wohltäterin wahrscheinlich in sie setzt, gerecht zu werden. Ihre Gefühle der großzügigen älteren Frau gegenüber, die in den folgenden Jahren viel für sie tun wird, schwanken zwischen Dankbarkeit und Zorn über den Einfluß, den sie auf Sylvias Leben nimmt.
Sylvias Ehrgeiz in dieser Zeit ist es vor allem, im Studium gute Noten zu erzielen, sie wünscht sich aber auch, einen attraktiven Freund zu finden.
Anfang des Jahres 1951 lädt sie der älteste Sohn einer mit ihrer Mutter befreundeten Familie, Dick Norton, zu einer Tanzveranstaltung nach Yale ein. Sylvia trägt eine schwarze Tasche, ein weißes Kleid mit Krinoline, silberne Sandalen und einen Pelz, aber fühlt sich dabei wie Aschenputtel. Alles, mit Ausnahme des Kleides, ist von Freundinnen geborgt.
Dennoch verläuft der Abend nach den erträumten Klischees. Sie tanzen bis halb vier Uhr morgens, unternehmen dann einen Spaziergang über den Campus, auf dem Dick sie küßt.
Yale ist eine der großen alten Universitäten des Landes. Dick hat eben seine Aufnahmeprüfung für Medizin in Harvard bestanden und wird als ein ungewöhnlich gut aussehender junger Mann, blond und groß, beschrieben. Auf den Fotos wirkt er eher brav und etwas fad.
Die Affäre, die so glücklich beginnt, bekommt ihren ersten Kratzer im Sommer 1951. In den Ferien arbeitet Sylvia als Haushaltshilfe in einer Arztfamilie mit drei Kindern im Alter von zwei, vier und sieben Jahren. Von einem Babysitterjob war die Rede gewesen. Als sie die Stelle antritt, merkt sie, daß sie als Mädchen für alles wird herhalten müssen.

Sylvia hat den Job überhaupt nur angenommen, um in Dicks Nähe zu sein. Der aber hat mit einer Kellnerin eine intime Beziehung begonnen. Als sie sich kurz sehen, beichtet er, mit dem Zusatz, dazu sei es nur gekommen, weil Sylvia ihn nicht besucht habe.
Sylvia ist aufgebracht. Da sie Dick als ihren festen Freund betrachtet und sie sich vorgenommen hat, ein »gutes Mädchen« zu sein, empfindet sie sein Verhalten als Verrat.

Man muß sich ein Bild von den Stereotypen machen, von denen zu dieser Zeit das Verhalten von Mädchen und Frauen in den USA normiert wird. Nur so kann man die Konflikte recht verstehen, die sich für Sylvia nun immer häufiger ergeben und die sie auch in zunehmendem Maße psychisch belasten.
In einem Kommentar zu dem Roman *Die Glasglocke,* für dessen Heldin solche Konflikte auch eine wichtige Rolle spielen, schreibt Jeanne Inness:

»Die amerikanischen Frauen teilten sich damals in zwei Gruppen: die guten und die schlechten Mädchen. ›Gute Mädchen‹ gingen unberührt in die Ehe, heirateten, hatten zwei oder drei Kinder, vielleicht auch mehr, aber nicht viel mehr. Sie unterhielten ein hübsches Heim, kochten ordentliche, nahrhafte und preiswerte Mahlzeiten, gingen zu Gymnastikkursen und waren pflichtbewußte Ehefrauen. Wenn sie im Leben erfolgreich waren, wurden sie Mrs. Eisenhower oder Mrs. Nixon oder Doris Day sehr ähnlich.
Die ›schlechten Mädchen‹ hingegen waren sexy, hatten Busen, waren höchstwahrscheinlich blond, heirateten eben nicht einen ordentlichen Rechtsanwalt oder Arzt. Sie konnten, wenn sie gerissen waren, so etwas wie Marilyn Monroe in verkleinertem Maßstab werden.
Schließlich gab es noch eine dritte Gruppe von Frauen, die eigentlich nicht als Frauen betrachtet wurden. Sie waren Junggesellinnen, Bibliothekarinnen, Sozialarbeiterinnen oder altjüngferliche Lehrerinnen. Diese intelligenten Frauen galten in der Gesellschaft nichts. Sie wurden weder den ›guten‹ noch den ›schlechten‹ Mädchen zugeschlagen, weil sie das Spiel, bei dem es galt, die Aufmerksamkeit der Männer zu erregen, nicht mitspielten.«[8]

Der Druck, mit dem solche uniformen Verhaltensmuster von der amerikanischen Gesellschaft auf die Frauen projiziert wurde, muß enorm gewesen sein, und man muß vermuten, daß sich noch weit mehr seelische Verstümmelungen und Verletzungen aus ihm ergaben, als der Öffentlichkeit bekannt wurden.
Sylvia Plath ist Kronzeugin und Opfer der Auswirkungen solcher Unterdrückungsmechanismen.
Wie sehr ihre unerfüllten Wünsche grundsätzlich mit der Tatsache, eine Frau zu sein, in Zusammenhang stehen, ergibt sich einmal mehr aus einer Tagebucheintragung aus dem Sommer 1951:

»Ja, mein mich verzehrender Wunsch, mich unter Straßenbauarbeiter, Matrosen, Soldaten und Trinker an der Bar zu mischen – Teil der Szene zu sein, anonym zuzuhören und aufzunehmen –, wird immer durchkreuzt von der Tatsache, daß ich ein Mädchen bin ... Mein heftiges Interesse an Männern und ihrem Leben wird oft mißgedeutet als der Wunsch, sie zu verführen, oder als eine Aufforderung zu Intimität. Ja, Herr im Himmel, ich möchte mit jedem reden, so intensiv wie möglich. Ich wünschte mir, ich könnte auf offenem Feld schlafen, in den Westen reisen und frei in der Nacht umhergehen.«[9]

Aus anderen Tagebucheintragungen und Briefen an Freunde (nicht an die Mutter) ergibt sich, daß sie in diesen ersten Semestern auf dem College dennoch entschlossen ist, ein »gutes Mädchen« zu sein.
Wenn sie sich vornimmt, unberührt in die Ehe zu gehen, so nicht zuletzt deswegen, weil sie ihr Studium unbedingt abschließen will. In ihrer Umgebung, bei Kommilitoninnen, erlebt sie häufig Mußehen, die eine akademische Karriere bei der Frau selbstverständlich beenden. Wir befinden uns in einer Zeit, in der es noch keine Antibabypille gibt und Abtreibungen illegal und gefährlich sind.
Der Tenor von Ratschlägen älterer Studentinnen zu Fragen, die auf das sexuelle Verhalten zielen, lautet: »Wenn eine Frau erst einmal anfängt, mit einem Mann zu schlafen, wird sie unzufrieden. Für ein erfülltes Sexualleben braucht man Zeit und Sicherheit.«
An Dick Nortons Handlungsweise wird der Unterschied in der Be-

wertung ein und derselben Handlung bei Männern und Frauen bestürzend klar:
Eine Frau muß unschuldig in die Ehe gehen.
Ein junger Mann sollte seine Erfahrungen machen – mit »schlechten Mädchen«, deren soziale Funktion eben genau darin besteht.
An der damit verbundenen Abwertung und Mißachtung der Frauen nimmt niemand Anstoß.
Trotz dieses Konfliktes dauert die Beziehung zwischen Sylvia und Dick fort. Nach einer Aussprache, bei der sie sich vornehmen, einander immer die Wahrheit zu sagen, betrachtet er sich mit ihr als verlobt, während sie sich vornimmt, auch weiterhin mit anderen Jungen auszugehen.
Sensibilisiert durch solche Erlebnisse, liest Sylvia Plath im Herbst 1951 Margaret Meads Buch *Mann und Weib.* Sie ist beeindruckt von dem Plädoyer der Soziologin für eine menschliche Persönlichkeit, bei der sich Körper und Geist, Animalisches und Spirituelles die Waage halten. Bei Margaret Mead stößt sie auf eine kritische Einschätzung der amerikanischen Hausfrau, die Wasser auf ihre Mühlen gewesen sein muß. Mead charakterisiert solche Frauen als höllisch geschäftig, ohne daß sie eigentlich arbeiten. Irgendwann fragten sich solche Frauen, womit sie eigentlich ihr Leben herumgebracht hätten. Gerade so will Sylvia bei allem Verlangen nach einem Ehemann nicht werden. In dem Buch unterstreicht sie Sätze wie: »Die Nichtangepaßten sind die Begabten.« Und: »Frauen werden die Welt immer anders sehen als Männer.«[10]
Über der Lektüre dieses Buches, was immer man von seinen Thesen im einzelnen halten mag, wird Sylvia Plath Wichtiges über sich selbst klar. In ihrem Tagebuch schreibt sie, sie könne immer nur jemand anderen lieben, indem sie auf die Wünsche ihres Selbst und auf ihre Ambitionen (beim Schreiben) verzichte. Ihr Ideal aber wäre, beides miteinander zu vereinigen.
Sie bezeichnet sich als eitel und stolz. Sie glaubt zu wissen: Nie wird sie fähig sein, ihr Leben durch einen Mann bestimmen zu lassen. Sie muß ihren eigenständigen kreativen Bereich haben, der von dem seinen getrennt ist, und ihr Ehemann muß das akzeptieren.
Mit der Zeit wird Sylvia auch immer deutlicher klar, daß sie Dick Norton nicht eigentlich liebt. Sie hält ihn für zu angepaßt, fürchtet

seinen Anspruch, unbedingt zu dominieren. Die Schwierigkeiten in der Ehe ihrer Eltern, von denen die Mutter nun bestimmt auch hin und wieder gesprochen hat, mögen ihr eine Warnung gewesen sein. Trotzdem bricht sie die Beziehung zu Dick nicht ab.
Manchmal sehnt sie sich auch nach der Konvention, meint, gegen ihre Sensibilität den Schutzwall von Normen und anerkannten Verhaltensmustern aufbauen zu müssen.
Im Oktober 1951 besucht sie Dick in Harvard. Er nimmt sie mit in das Krankenhaus in Boston, an dem er ausgebildet wird. Eine ganze Nacht lang erteilt er ihr eine Lektion in Medizin samt einer Obduktion und Besichtigung von Embryos in Gläsern. Sogar eine Geburt kann Sylvia mit ansehen. Diese Erlebnisse werden später, nur geringfügig fiktionalisiert, in ihrem Roman *Die Glasglocke* wiederauftauchen.
Dick gegenüber zeigt sich Sylvia sehr beeindruckt, zu Freundinnen im College aber äußert sie sich anders. Sie teilt Dicks Begeisterung für ärztliche Techniken und Kunststücke nicht, findet auch, er versuche damit, ihr ihre eigenständigen Interessen auszutreiben.
Sie trifft sich mit anderen jungen Männern, die Beziehung mit Dick schleppt sich mehr hin, als daß sie sich entwickelt.

Am Smith College werden Anfang 1952 die Gebühren erhöht. Trotz sehr guter Noten verliert Sylvia Plath einen Teil ihres Stipendiums. Sie muß in eines der Häuser auf dem Campus umziehen, in denen die Mädchen leben, die durch Saubermachen und Küchenarbeit ihr Stipendium aufbessern. Für sie heißt das Kartoffelschälen und Mohrrübenputzen, Dienst als Kellnerin oder in der Telefonvermittlung.
Im Studium quält sie sich mit einem Kurs über den englischen Dichter Milton herum und schließt den Kurs nur mit einem »B« ab. Dafür gelingt es ihr als einziger unter den zehn im Hauptfach Englisch Studierenden, im Seminar über Literatur des Mittelalters mit »A« benotet zu werden.
Da sie sich entschlossen hat, ihre Abschlußarbeit in Englisch zu schreiben, wird sie auch in englischer und amerikanischer Literatur eine mündliche Prüfung ablegen müssen. Mit diesem Ziel vor Augen hat sie eine endlose Leseliste zu bewältigen.

Eine »schwarze Zeit«, in der man so etwas wie einen Vorschatten zu ihrem Zusammenbruch im Sommer 1953 zu erkennen meint, beginnt mit der Nachricht, daß Dick an Tuberkulose erkrankt ist und zumindest ein Jahr in einem Sanatorium, in Saarnac in der Nähe von New York, verbringen muß. Jetzt klammert er sich an sie, die sich mehr und mehr darüber klar wird, daß sie ihn nicht liebt.

Andererseits beginnt er, sich während seines Sanatoriumsaufenthalts für Literatur zu interessieren. Das ist nun wiederum für sie ein Übergriff in ein Interessengebiet, das ihre Domäne ist und bleiben soll.

Dicks Krankheit und ihre eher abnehmende Zuneigung zu ihm sind zumindest eine Ursache für die Schuldgefühle und Depressionen, die nun bei ihr immer häufiger und intensiver auftreten.

Klagen an die Mutter, daß sie den Anforderungen des Studiums auf die Dauer nicht gewachsen sei, beantwortet diese mit dem Hinweis auf das große Talent ihrer Tochter. Wenn sie nur wolle, könne sie alles.

Wegen Schlafstörungen sucht Sylvia Plath kurz vor Weihnachten 1952 einen Arzt am College auf, der sie vorübergehend ins Krankenhaus einweisen läßt.

Ed Cohen, ein Student und Schreibfreund, der zu dieser Zeit in Chicago lebt, zeigt sich bestürzt von der Aufgeregtheit, Unzufriedenheit und Unruhe, die sich ihm aus Sylvias Briefen mitteilen. Er rät ihr, einen Psychiater aufzusuchen. Es scheint ihm, als treibe sie auf einen Punkt zu, an dem, kommt es nicht zu einer Entlastung, ein völliger Absturz unvermeidlich ist.

Sie hingegen glaubt, ihrer Familie nicht zumuten zu können, das für den Psychiater nötige Geld aufzubringen.

Nach Weihnachten besucht sie Dick im Sanatorium. In Briefen scheint zuvor der Plan erörtert worden zu sein, auf der Stelle zu heiraten. Statt dessen macht sie sich bei ihrem Wiedersehen einmal mehr klar, daß sie ihn nicht genug liebt, wagt aber nicht, ihm das offen zu sagen.

Schon kurz nach ihrer Ankunft bricht sie sich bei einer Skiabfahrt ein Bein. Es ist, als dringe ihr Unterbewußtsein darauf, ein längeres Zusammensein mit Dick zu vermeiden.

Die Behinderung, die sich durch das gebrochene Bein für ihr Leben im College ergibt, steigert ihre Nervosität. Sylvia hat den Eindruck, Dick kümmere sich nicht genügend um sie, habe kein Verständnis für ihre Probleme. Er läßt sie wissen, daß er mit einer anderen Patientin im Sanatorium einen Flirt angefangen habe.
Als sie im Frühjahr 1953 endlich ihren Gipsverband loswird, erfährt sie, daß sich Dicks Zustand nicht gebessert hat. Er wird nicht, wie vorgesehen, im Herbstsemester sein Medizinstudium in Harvard wiederaufnehmen können.
Sie lernt einen anderen jungen Medizinstudenten kennen, einen gutaussehenden, starken Mann. Für kurze Zeit ist sie davon überzeugt, daß dies der Mann ihres Lebens sei.
Dann aber fragt sie sich: »Will ich mich wirklich in die gigantische väterliche Umarmung dieses seelischen Kolosses begeben?«[11]
Koloß – das wird bei Sylvia Plath zum poetisch-psychologischen Stichwort. Es signalisiert die Sehnsucht nach einem beschützenden Mann und – ambivalent – die Angst, von einem starken Mann erdrückt zu werden.
Wenn Sylvia Plath sich schon in der Zeit zwischen Herbst 1952 und Frühjahr 1953 am Rand eines psychischen Zusammenbruchs zu bewegen scheint, so sind es gewiß vor allem ihre literarischen Erfolge, die die Katastrophe zunächst noch hinauszögern, weil diese auch als eine Art Liebeszuwendung von ihr empfunden werden.
Andererseits wird sie in der Ablehnung eines Gedichts oder einer Geschichte bis an ihr Lebensende eine Art Liebesentzug sehen, der schwere Erschütterungen ihres Selbstwertgefühls nach sich zieht.
Im ersten Halbjahr 1953 hat sie zwei Lyrik-Preise des College erhalten. Im Geschichtenwettbewerb der Zeitschrift *Seventeen* ist sie mit »Initiation« auf den dritten Platz gekommen. Ihr Gedicht »Mad Girl's Love Song« ist in der Zeitschrift *Mademoiselle* erschienen.
Trotzdem ist sie unruhig.
Sie hat damit begonnen, ihre strikten Grundsätze, die Ideale, die daheim in der Familie galten, in Frage zu stellen: ein gutes Mädchen sein, hart arbeiten, eine tadellose Moral haben, schauen, daß man vorankommt im Leben.

Sie hat angefangen, sich modische Kleider zu kaufen. Sie hat für ihre Verhältnisse ungewöhnlich viel Geld für Kleidung ausgegeben. Sie entwickelt Schuldgefühle, weil sie über ihre Verhältnisse lebt.
Dabei hängen diese Käufe mit ihrem größten Erfolg zusammen – mit ihrer Wahl in den Kreis der Redaktionsassistentinnen der Modezeitschrift *Mademoiselle,* des »Magazins für die gescheite junge Frau«. Aus den gesamten USA bekommen insgesamt zwanzig Mädchen die Chance, bei den Redaktionen des Magazins in New York vom 1. bis zum 26. Juni zu volontieren und sich dabei für eine Karriere im Mode- und Kulturjournalismus zu profilieren.
Man kann davon ausgehen, daß die Auswahl außerordentlich streng gewesen ist, daß man junge Frauen auswählte, von denen man erwartete, sie verfügten über eine Art von Begabung, die sich auch gut würde vermarkten lassen.
Untergebracht sind die »Gastredakteurinnen« im Barbizon Hotel an der Lexington Avenue, Ecke 63. Straße, einem eher bescheidenen Haus mit alter, leicht verblichener Pracht im Zentrum von Manhattan in einem allerdings mehr von Eleganz denn von großstädtischer Brutalität geprägten Quartier.
Die meiste Zeit vergeht mit Lunches, Besuchen von Modeschauen, der Vereinten Nationen, in Galerien und bei Vorausvorführungen von Filmen und Fernsehprogrammen.
Auch einen bekannten Dichter, den man verehrt, darf man zu einem Gespräch besuchen. Auf Sylvia Plaths Wunschliste stehen unter anderem J. D. Salinger und Irwin Shaw, beide zu dieser Zeit Erfolgsautoren auf der Höhe ihres Ruhmes. Beide sind nicht verfügbar. Also muß sie sich mit einem Besuch bei Elizabeth Bowen begnügen.
Sylvia gilt nach Einschätzung ihrer Gastgeber als eine der gescheitesten und witzigsten unter den jungen Frauen.
Sie wird Cyrilly Abels, der leitenden Redakteurin des Blattes, beigegeben, darf mit in deren Büro sitzen, aber ihre Gastgeberin schenkt ihr nichts. Sie zeigt ihr, was von einer Frau im amerikanischen Journalismus verlangt wird, was es heißt, sich ohne Extravaganzen dem auf eine bestimmte Zielgruppe hin getrimmten Stil des Blattes anzupassen.

Ihren Artikel »Poeten auf dem Campus«, den sie im Entwurf schon mitgebracht hat, muß Sylvia wieder und wieder umarbeiten. Sie fühlt sich von ihrer Chefin verunsichert und aufgefressen. Ihre privaten Briefe unterschreibt sie mit einer merkwürdigen Verballhornung ihres und des Namens ihrer Vorgesetzten: »Syrilly«.
Mrs. Abels fragt sie: »Wo bleibt dein eigenes Denken, Sylvia?«
Aber wenn Sylvia sich eigenständig ausdrückt, hat genau das keinen Marktwert, paßt nicht zu den Erwartungen, die die Käufer von *Mademoiselle* haben.
Sylvia wird immer unsicherer. Sie erlebt keine Bestätigung ihrer Begabung, sondern deren Infragestellung.
Ihrem Bruder Warren schreibt sie, daß sie nicht imstande ist, vernünftig darüber nachzudenken, wer sie ist und wohin sie geht. »Ich war sehr ekstatisch, schrecklich deprimiert, geschockt, verzückt, abgeklärt und enerviert . . .«[12]
Allerdings scheint ihr dieses hektische Leben in New York irgendwie auch zu gefallen. Denn nach solch anstrengenden Tagesprogrammen findet sie noch Zeit zu langen Spaziergängen und Barbesuchen.
Einmal verbringt sie fast eine ganze Nacht vor dem Eingang des Hotels, in dem Dylan Thomas abgestiegen ist, in der Hoffnung, den berühmten Dichter aus Wales, der auf Lesetour in den USA ist, zu Gesicht zu bekommen.

In diesen Tagen werden Ethel und Julius Rosenberg auf dem elektrischen Stuhl hingerichtet – angeblich, weil sie Atomgeheimnisse an die Sowjetunion verraten haben.
Die Exekution der beiden erregt Sylvia Plath so sehr, daß sie eine Allergie bekommt. Sie versucht, ihren jungen Kolleginnen den für sie ungeheuerlichen Vorgang klarzumachen, und hat kein Verständnis dafür, daß die anderen am Tag der Vollstreckung des Todesurteils ihr Frühstück essen können, als sei dies ein Tag wie jeder andere.
Wie bedeutsam die Hinrichtung der Rosenbergs für die »Innenwelt« Sylvia Plaths gewesen ist, geht schon daraus hervor, daß sie mit diesem Ereignis später die Handlung ihres Romans *Die Glasglocke* beginnen lassen wird.

Es ist für sie ein »Schlüsselerlebnis«, eine Metapher. Hinter diesem Ereignis steht der Wettlauf der beiden Großmächte in der Atomrüstung, steht die »Hexenjagd« auf Kommunisten oder Sozialisten oder auch nur mit diesen sympathisierende Intellektuelle in den USA.

Hier baut sich ein ganzes Bezugsfeld des Todbringenden, Todesträchtigen von der Realität her auf: Die Existenz der Atombombe, mit der, zum ersten Mal in der Geschichte, die Menschheit in der Lage ist, sich selbst zu vernichten. Das Schicksal zweier Menschen, die vielleicht bewußt Verrat begingen, um durch ein Gleichgewicht des Schreckens den Ausbruch eines Atomkrieges zu verhindern – wenn man so will: auch ein »Selbstopfer«! –, die vielleicht aber auch Opfer von Vorurteilen und der Suche nach Sündenböcken geworden sind. Die Bestrafung der beiden durch Tötung auf dem elektrischen Stuhl, eine besonders unmenschliche Einrichtung im Justizsystem der USA – all das verweist auf die Todesträchtigkeit, die Inhumanität und Absurdität der Zeitatmosphäre.

Im Roman *Die Glasglocke* wird die Atmosphäre dieses »verrückten Sommers« in New York, in dem Sylvia Plath auch darüber nachdenkt, »wie das war, lebendig verbrannt zu werden, an den einzelnen Nerven entlang«, bedrückend deutlich:

»Luftspiegelndgrau flimmerten die heißen Straßen am Grund der Granitschluchten in der Sonne, die Wagendächer siedeten und glitzerten, und der trockene, aschige Staub trieb mir in die Augen und tief in den Hals.«[13]

An ihrem letzten Tag in New York wirft Sylvia all ihre Kleider fort. Für die Heimreise borgt sie sich von einem der anderen Mädchen einen Dirndlrock und eine weiße Bauernbluse.

Ihre Kleider aus dem Fenster zu werfen – das ist eine Verhaltensweise, die in schlagendem Widerspruch zu all ihren Lebensregeln und bisherigen Verhaltensmustern steht. Offenbar ist diese melodramatische Geste Ausdruck starker, in ihr angestauter Gefühle. Man kann über die tieferen Ursachen nur Vermutungen anstellen. Man könnte einen Akt der Selbstbestrafung darin sehen. Sie ist der Kleider, mit denen sie sich für New York »verkleidet« hat, nicht wert. Vielleicht ist es aber auch ein Hilfeschrei, in dem sich Ekel äußert, und zugleich auch so etwas wie eine Absage an die mondäne Welt des Modejournalismus und deren doppelte Moral, der sie sich nicht gewachsen fühlt.

Schaut man in Sylvia Plaths Tagebuch, so werden dort zwei Probleme immer wieder direkt oder indirekt angesprochen. Da ist einmal die Furcht vor einer Welt, in der man endgültig erwachsen sein muß. Sylvia Plath fühlt sich dieser Welt und ihren Anforderungen nicht gewachsen.
Gewissermaßen ein Teilaspekt dieser allgemeinen Vorstellung ist ein anderer Konflikt: Sie verspürt das Verlangen, ihre Sexualität zu erproben, und hat zugleich Angst vor dem Zerrbild der Sexualität, ihrer schmutzigen Entstellung, der sie überall begegnet.
Im Tagebuch ist die Rede von ihrer Sehnsucht »nach dem Organismus des anderen Geschlechts«, wie sie es verkrampft ausdrückt. Sie meint festgestellt zu haben, »daß die meisten amerikanischen Männer Frauen nur als eine Sexmaschine mit runden Brüsten und einer bequemen Öffnung in der Vagina«[14] wahrnehmen. Als »angemalte Puppen« sollen Frauen nach Ansicht dieser Männer keinen anderen Gedanken in ihren hübschen Köpfchen haben, als ihnen zum Dinner ein Steak zu braten und sie nach ihren anstrengenden Jobs abends im Bett zu trösten.
Schließlich und endlich irritiert sie der Eindruck:
Bei allem Erfolg, den sie in diesem Sommer gehabt hat, ist sie deprimierter als je zuvor in ihrem Leben.
Nichts sei erfolgloser als der Erfolg, hat traurig ein amerikanischer Schriftsteller der zwanziger Jahre einmal gesagt. Die Richtigkeit dieses Satzes findet Sylvia Plath an sich selbst bestätigt.
Aber was tut man, wenn dieser Satz wahr ist, andererseits jeder, den man als Autorität betrachtet, einem immer gepredigt hat, man müsse vor allem Erfolg haben? Was tut man, wenn sich der Erfolg als Betrug erweist?
Sie weiß es nicht. Und diese Ratlosigkeit quält sie.
Ihr Lebensentwurf ist ins Wanken geraten.
Die Heldin ihres Romans *Die Glasglocke* sagt von sich selbst, als sie sich in derselben Situation befindet:

»Das Schlimme war, ich war immer unzulänglich gewesen, ich hatte nur noch nie darüber nachgedacht. Ich war nur gut im Einsammeln von Stipendien und Preisen, und diese Epoche ging zu Ende.«[15]

Nach diesen Erfahrungen und solchen Ängsten stellt sie nun ihre Rolle als Frau überhaupt in Frage. Sie hört Dick Nortons Mutter behaupten, Mädchen schauten immer auf Sicherheit, junge Männer suchten immer einen Ehepartner. Sie kann diese populäre Meinung nicht anerkennen, sich nicht darein fügen:

»Ich hasse es, ein Mädchen zu sein, denn als solches wird mir bewußt, daß ich kein Mann sein kann. Mit anderen Worten, ich kann meiner Energie nur Richtung und Macht verleihen durch meinen Partner. Frei steht mir nur, zu wählen oder mich zu verweigern. Und doch ist es, wie ich fürchtete: Ich gewöhne mich und füge mich dieser Vorstellung.«[16]

Langsam beginnt sie, das entscheidende Problem ihres Lebens zu erahnen. Sie kann es beschreiben, aber das heißt nicht, daß sie es zu lösen vermag.
Bedrückt konstatiert sie in ihrem Tagebuch, sie wünsche sich Dinge, die sie am Ende zerstören würden:

»Ich frage mich, ob Kunst, abgetrennt vom normalen und konventionellen Leben, so vital ist wie Kunst, die mit diesem Leben verbunden bleibt. Mit einem Wort: Würde eine Ehe meine kreative Energie verzehren, meinen Wunsch auslöschen, mich in Wort und Bild auszudrücken, der mit diesem zutiefst unbefriedigten Gefühl zunimmt ... oder würde ich, sofern ich heirate, einen vollkommeneren Ausdruck in meiner Kunst wie auch durch die Geburt von Kindern finden ... Bin ich stark genug für beides?«[17]

Der Zusammenbruch

Als Sylvia Plath von New York in die Semesterferien nach Hause fährt, erwartet sie dort eine schlechte Nachricht. Sie ist für einen Sommerschulkurs in Harvard, den der berühmte irische Schriftsteller Frank O'Connor leitet, nicht angenommen worden.

Die Ablehnung ruft ihr wieder die Kritik ihrer Vorgesetzten in New York an ihren literarischen Fähigkeiten ins Gedächtnis.

Zunächst ist noch einer ihrer besten Freunde zu dieser Zeit, Gordon Lameyer, daheim in Wellesley. Gordon, groß und blond, wieder einer dieser robusten Männer, für die sie häufig eine Vorliebe erkennen läßt, hat im Hauptfach Englisch studiert und steht kurz vor dem Beginn eines Kurses für angehende Marineoffiziere. Sie hat ihn am Ende des Semesters nach dem Besuch einer Lesung des Dichters W. D. Auden kennengelernt. Mit ihm unternimmt sie Ausflüge mit dem Wagen. Sie hören Schallplatten zusammen und lesen sich aus James Joyce' *Finnegans Wake* vor. Dann fährt der Freund zu einem Sommerkurs, und Sylvia ist mit ihrer Mutter und mit ihrem Bruder Warren allein.

Sie gerät in eine Depression, sie schläft schlecht und wenig, versinkt in Lethargie. Sie versucht, Stenographie zu lernen, und stellt fest, daß sie nicht in der Lage ist, ein einziges Zeichen zu behalten.

Ihre Mutter verschafft ihr einen Halbtagsjob in einem Krankenhaus.

Immer wieder überkommen sie fürchterliche Ängste.

Sie hat sich vorgenommen, über Joyce zu promovieren. Plötzlich findet sie, daß sie *Finnegans Wake* überhaupt nicht versteht.

Schreibschwierigkeiten treten auf. Ihre Handschrift wird unleserlich. Sie empfindet sich nach ihren eigenen Worten als »steril, dumm, unbelesen«.

Einer Freundin berichtet sie, sie habe mehrere Nächte lang nicht geschlafen. Die Freundin hält das für eine Übertreibung.

Selbsthaß überkommt sie.

In ihrem Tagebuch nennt sie sich ein »ausgewachsenes, viel zu wohlbehütetes, eingeschüchtertes, verwöhntes Baby«.[1]

Und an einer anderen Stelle schreibt sie, von sich selbst in der zweiten Person sprechend:

»Du bist so besessen von der kommenden Notwendigkeit, unabhängig zu sein und der großen, die Menschen verschlingenden Welt gegenüberzutreten, daß du wie gelähmt bist ... schockiert, in Ekel gestürzt und Lähmung.«[2]

Ende Juli ist dann im Tagebuch von Rasierklingen und selbstbeigebrachten Wunden die Rede, davon, daß sie fortgehen und alles beenden wolle. Nicht das Zimmer sei ihr Gefängnis. Sie selbst sei es.
Gegenüber ihrer Mutter gesteht sie ein, sie habe versucht, sich selbst zu töten. Sie behauptet, sie habe lediglich herausfinden wollen, ob sie mutig genug dazu sei. Dann schlägt sie der Mutter vor, gemeinsam mit ihr zu sterben.
Aurelia ist beunruhigt genug, um gleich am nächsten Morgen mit Sylvia die Hausärztin aufzusuchen.
Die Ärztin überweist Sylvia an einen Psychiater, einen offenbar recht unerfahrenen jungen Arzt, der eine Elektroschockbehandlung beginnt, ohne die Patientin hinreichend darauf vorbereitet zu haben.
Kaum ist damit begonnen worden, geht der Arzt in Urlaub und überweist Sylvia an einen Kollegen.
Sylvia erlebt die angewandte Therapie als Alptraum. Ihre Ängste steigern sich durch diese Behandlung nur noch mehr. In ihren Gedichten finden sich bestürzende Bilder über die Art und Weise, wie sie die Elektroschocks empfindet. Von einem Gott ist die Rede, der sie an den Haarwurzeln ergriffen habe, vom Sieden unter seinen blauen Voltströmen.
Keiner ihrer Freunde und Bekannten erfährt etwas von ihrer Behandlung durch Elektroschocks, die vorwiegend bei Geisteskrankheiten angewandt wird.
Aurelia macht sich Sorgen, ob sie weiterhin in der Lage sein wird, das Geld für einen Psychiater aufzubringen. Sylvia bleiben diese Sorgen nicht verborgen. Ihre Überlegungen verlaufen so:

»Bald schon hatte ich nur noch eine Frage im Kopf: wann genau und wie ich Selbstmord machen sollte. Die einzige Alternative, die ich sehen konnte, war die Irrenanstalt – unendliche Hölle für den Rest meines Lebens –, und so wollte ich von dem letzten Stückchen meines freien Willens Gebrauch machen und ein schnelles, sauberes Ende wählen. Auf die Dauer gesehen, fand ich, war das für meine Familie gnädiger und billiger...«[3]

Der letzte Satz verweist einmal mehr auf das Gefühl von Wertlosigkeit bei Sylvia Plath. Warum sie sich vor allem gegen einen Aufenthalt in einer Anstalt sträubt, ist das »Elend« und die »Ernüchterung, die so ein geistiges Vakuum, so eine physische Verwahrlosung von etwa sechzig Jahren mit sich bringt«.[4] Das vor allem will sie ihrer Familie ersparen »und Schluß machen auf der Höhe meiner sogenannten Karriere, als es noch Illusionen bei meinen Professoren gab, noch Gedichte, die in *Harper's* publiziert werden sollten, zumindest noch eine Erinnerung, die sich lohnte«.[5]
Als Gordon Lameyer an zwei Wochenenden von seinem Kurs daheim ist, geht Sylvia mit ihm aus. In einem Brief an einen anderen jungen Mann ist von einem friedlich-ruhigen Sommer die Rede.

Der 24. August 1953 ist ein sehr heißer Tag. An diesem Tag wartet Sylvia, bis ihre Mutter in die Stadt und ihr Bruder zur Arbeit gegangen ist. Ihre Großeltern sitzen draußen im Hof. Sylvia öffnet mit Gewalt ein Medikamentenschränkchen und entnimmt dort eine Glasflasche mit fünfzig Schlaftabletten.
Sie füllt ein Gefäß mit Wasser und verkriecht sich in ein Gelaß unter dem Schlafzimmer im Parterre. Der Zugang zu dem winzigen Raum, zu der Nische, ist meist mit Brennholz verdeckt.
Vorausgegangen ist, wie wir aus einem Brief Sylvias wissen, der Versuch, sich beim Schwimmen das Leben zu nehmen. Dazu ist sie nicht in der Lage gewesen:

»... der Drang nach Leben, rein physischem Leben, ist verdammt stark ... Der Körper ist erstaunlich zäh, wenn es darum geht, sich dem Vernichtungswillen des Verstandes zu opfern.«[6]

Auf den Eßzimmertisch hat sie einen Zettel gelegt: »Mache einen langen Spaziergang. Bin morgen wieder zu Hause.«[7]
In ihrem Versteck schluckt Sylvia eine solche Menge Schlaftabletten, daß sie für die nächsten zwei Tage das Bewußtsein verliert.

Noch am 24. August erstattet Aurelia eine Vermißtenmeldung. In der Zeitung erscheint ein Artikel mit der Überschrift: »Schönheit aus dem Smith College in Wellesley verschwunden«.
Hunderte von Pfadfindern, Männer mit Bluthunden, Polizisten suchen die Umgebung, besonders zwei nahe gelegene Gewässer, nach der Verschwundenen ab. Eine Suchnachricht wird in den nationalen Rundfunkprogrammen durchgegeben.
Nach zwei Tagen hört ihr Bruder im Haus ein stöhnendes Geräusch. Er geht dem Laut nach und schreit: »Ruft einen Krankenwagen!«[8]
Sylvia ist – wie eine Krankenschwester im Hospital es beschreibt – mehr tot als lebendig. Sie ist nicht bei vollem Bewußtsein, hat Risse und Schnitte unter ihrem rechten Auge. Ihr Zustand ist ernst.
Sie will zunächst niemanden sehen.
Aurelia, die dennoch zu ihr geht, versichert ihr, die Familie liebe sie, halte zu ihr. Sylvia antwortet: »Das war *meine* letzte Liebestat.«[9]
Andererseits sehnt sie sich aufs College zurück.
Aurelia, die vor sich und anderen immer noch die Meinung aufrechterhält, der Selbstmordversuch sei entweder aus Enttäuschung über Sylvias Unfähigkeit zu schreiben erfolgt oder sei eine Reaktion auf eine unglückliche Liebe gewesen, setzt sich mit der Schriftstellerin Olive Higgins Prouty in Verbindung, jener Frau, der Sylvia ihr College-Stipendium verdankt.
Mrs. Prouty ist zu diesem Zeitpunkt in Urlaub, läßt aber sofort wissen, sie werde für alle Kosten, die sich in den nächsten Monaten durch Sylvias Behandlung ergeben, aufkommen.
Sylvias Freunde, Gordon Lameyer und Dick Norton, wollen sie am Wochenende besuchen kommen.
Da die Ärzte keinerlei Anzeichen einer Psychose feststellen – ein Befund, der in Hinblick auf bestimmte Symptome zumindest mit Skepsis zu betrachten ist –, sich auch kein Verdacht auf Schizophrenie ergibt, lautet die Prognose günstig.
Die Patientin selbst aber scheint nicht gesund werden zu wollen.
Sie wird in das Allgemeine Krankenhaus von Massachusetts in Boston gebracht. Dort beginnt man mit einer Insulinbehandlung.

Dann sorgt Mrs. Prouty dafür, daß Sylvia in eine renommierte private Nervenklinik, das McLean Hospital, überführt wird. Dort übernimmt eine Mrs. Ruth Beuscher als Psychiaterin die Behandlung. Sie wird Sylvias Ratgeberin bis an deren Lebensende bleiben.

Sylvia kann zunächst weder schreiben noch sprechen.

Es ist ihr ehemaliger Englischlehrer, Wilbury Crockett, der ihr ein Buchstabierspiel für Kinder mitbringt und ihr dabei hilft, allmählich die Buchstaben wiederzuerkennen.

Es gelingt Ruth Beuscher endlich, die Kranke zu bewegen, sich über die genaue Art ihrer Angstvorstellungen zu äußern.

Sylvia erklärt, es gäbe nirgends auf der Welt einen Zufluchtsort ... ihre Großeltern würden bald sterben, ihre Mutter auch, und endlich werde niemand mehr dasein, um ihr im Kampf gegen das Dunkel zu helfen.

Die Psychiaterin überredet sie dazu, einer weiteren Elektroschockbehandlung zuzustimmen. (Eine solche Therapie, muß hier angemerkt werden, würde heute nicht mehr angewandt!)

Vor allem aber versucht sie Sylvia zu ermutigen, auf sich selbst zu vertrauen und jene Punkte zu erkennen, in denen die Beziehungen zu ihrem verstorbenen Vater und ihrer Mutter kritisch sind. Sie solle einsehen lernen, daß sie nichts tun muß, um sich der Liebe, die ihr von der Familie entgegengebracht wird, würdig zu erweisen. Sie muß verstehen, daß Zuneigung und Liebe selbstverständlicher Bestandteil des Familienlebens sind.

Ruth Beuscher empfiehlt ihr auch, im Verhältnis zu ihrer Mutter mehr Abstand zu halten.

Sie macht ihr klar, daß ihr unersättliches Verlangen nach Anerkennung durch Erfolg zwangsläufig zum Scheitern führen muß, daß ihre ehrgeizigen Erwartungen über das, was sie erreichen kann, die Tendenz in sich tragen, bei ihr zu einem Zusammenbruch zu führen, sobald sie sich ohne Unterstützung und allein gelassen fühlt.

Es ist schwer zu beurteilen, ob Sylvias Genesung tatsächlich die Fortschritte macht, die ihre Ärzte wahrzunehmen meinen. Jedenfalls wird sie Anfang 1954 nach Hause entlassen. Sie kann im Februar 1954 zum Frühjahrssemester ihr Studium am Smith College wiederaufnehmen.

In einem Brief an einen Freund drücken sich in konkreten Bildern die psychischen Qualen aus, die sie immer noch empfindet:

»Gerade jetzt brauche ich etwas, was besonders unmöglich ist, nämlich jemanden, der mich liebt und der nachts bei mir ist, wenn ich aufwache, voller Entsetzensschaudern und Furcht vor den Zementtunnels, die hinunterführen in den Elektroschockraum – jemanden, der mich tröstet und mir ein Selbstvertrauen gibt, wie kein Psychiater das schafft.«[10]

Auch auf dem College, wo Lehrer und Mitstudentinnen ihr mit Verständnis und Rücksicht begegnen, hören Freundinnen und Bekannte Äußerungen, die bedenklich klingen.
Sylvia beschreibt ihren Zustand während des Zusammenbruchs mit dem Gefühl, überall unter ihrer Haut sei Feuer gewesen.
Sie sagt auch:

»Wenn man verrückt ist, ist man so damit beschäftigt, verrückt zu sein – die ganze Zeit ... als ich verrückt war, nahm mich das voll und ganz in Anspruch.«[11]

In ihrer Lyrik – gewiß der intimsten aller Formen ihrer literarischen Äußerungen neben dem Tagebuch – stellt Sylvia Plath ihren Selbstmordversuch als eine Anstrengung dar, um zu ihrem Vater zu gelangen und frei vor ihm zu stehen:

> Und ich, ich steige aus dieser Haut von
> Alten Verbänden, Langeweilen, alten Gesichtern,
> Steige zu dir aus dem schwarzen Wagen des Lethe,
> Rein wie ein Säugling.[12]

Sie liest viel über den Begriff der Identität in Psychologie und Soziologie. Was sie zu dieser Zeit fürchtet, ist der Verlust ihres Selbst, die Aufhebung der Fähigkeit, über das eigene Bewußtsein Kontrolle auszuüben.
Aus der Behandlung mit Elektroschocks scheinen sich schwere Ängste erhalten zu haben.

Auch darüber kann sie immerhin erklärend sprechen und die Wirkung als einen Zustand beschreiben, in dem sie nicht weiß, ob sie träumt oder wacht, und jede Erinnerung an Menschen und Dinge wie ausgelöscht ist. Sie erzählt auch:

»Das Merkwürdigste bei meinem Selbstmordversuch geschah, als ich im Krankenhaus das Bewußtsein wiedererlangte. Ich glaubte nicht an Gott oder ein Leben nach dem Tod, und meine erste Reaktion, als ich die Augen öffnete, war: ›Nein, das kann doch nicht sein. Es gibt kein Irgendetwas nach dem Tod.‹ Ich war schrecklich enttäuscht, daß selbst der Tod meinem Bewußtsein kein Ende gesetzt hatte ... Es scheint töricht jetzt, aber ich stürmte in das Sprechzimmer des Psychiaters und verlangte eine Lobotomie (einen chirurgischen Eingriff ins Gehirn, d. V.) – es schien so sinnlos, weiter derart zu leiden, und ich hatte wenig Hoffnung, mich zu erholen.«[13]

Was ihre Leistungen angeht, so gilt sie weiterhin am College als die »außergewöhnlich begabte Studentin«.[14] Man erklärt sich ihren Zusammenbruch als eine Art »Betriebsunfall« durch Überarbeitung. Auf ihre Lehrer wirkt sie völlig normal, gesund und belastbar, fleißig und kompetent.
Sie findet, es sei für sie nun unbedingt an der Zeit, sexuelle Erfahrungen zu machen.
Es gibt zu dieser Zeit zumindest drei Männer, zu denen sie sexuelle Beziehungen unterhält. Zwei davon sind typische Intellektuelle.
Richard Sassoon studiert in Yale im Hauptfach Geschichte. Er ist unkonventionell und lehnt sich gegen den Universitätsbetrieb auf. Er liest Hegel, Kierkegaard, Nietzsche, Rimbaud, Baudelaire und Sartre und bezeichnet sich selbst als Existentialisten. Hunter Steiner nennt ihn einen »dunklen, brütenden, leidenschaftlich gallischen Typ mit den Eigenschaften eines Helden von Byron, einem Anflug von Geheimnis und düsterer Melancholie«[15], was ihn offenbar für Sylvia besonders anziehend macht.
Die Freundin findet, zumindest manchmal habe Sylvia Richard wie eine Art amüsantes Spielzeug betrachtet. Er ist ziemlich klein und schmächtig.

»Wenn ich ihn in den Armen halte, komme ich mir vor wie Mutter Erde, über die ein kleiner brauner Käfer dahinkrabbelt«, soll Sylvia gesagt haben.

Mit Richard fährt sie häufig am Wochenende nach New York, wo beide dann »wie Mann und Frau leben«, wie es in ihrem Tagebuch heißt. Sie scheint durchaus entschlossen, ihn irgendwann zu heiraten, und betrachtet solche Ausflüge gewissermaßen als Vorwegnahme ehelichen Zusammenlebens.

Und dann ist da jener Physikprofessor, den sie auch in ihrem Roman *Die Glasglocke* beschreibt und der dort unter dem Namen »Irwin« auftritt.

Nach ihrer ersten gemeinsam verbrachten Nacht setzen bei Sylvia starke Blutungen ein. Sie behauptet, von Irwin vergewaltigt worden zu sein. Irwin und ihre Freundin Nancy bringen sie ins Krankenhaus.

Nancy Hunter Steiner schildert diesen Vorfall in ihrem Buch breit und ausführlich. Sie schließt:

»Wenn der Zwischenfall bei Sylvia irgendeine gefühlsmäßige Verletzung verursachte, so erholte sie sich auf jeden Fall recht rasch wieder davon. Ich war nicht ganz so glücklich. Ich sah immer wieder ihr Blut auf den regelmäßigen Kacheln des Badezimmers und hörte ihre angstverzerrte Stimme, mit der sie mich bat, sie vor dem Sterben zu bewahren. Mehr noch ärgerte mich der Verdacht, daß Syl aus dem Zwischenfall nicht das geringste gelernt hatte. Sie traf sich wieder mit Irwin, ehe die Woche noch zu Ende war, und erzählte auch stolz, sie habe in aller Unschuld mit einem Harvard-Professor angebandelt, dessen Frau falsche Schlüsse gezogen und sie eine ›blonde Hexe‹ genannt habe. Syl fand diese Bezeichnung wie auch die Umstände amüsant, während ich tiefer in einen Zustand ständiger Aufgeregtheit versank und mich auf die nächste Krise gefaßt machte.

Ich glaube einfach nicht, daß Syl so abenteuerlich war, wie es nach alldem den Anschein hat. Die Konventionen der Mittelklasse waren in ihr zu fest verankert, um rasch abgelegt zu werden. Es lockte sie, die Gefahr herauszufordern, und nicht immer kam sie in letzter Minute dann so gut davon, wie sie sich das vorstellte. Sie muß sich in diesem Sommer besonders sicher gefühlt haben, als ob ihr meine

Anwesenheit eben einen Schutz gegeben hätte, den sie sonst vermißte.«[16]
Es wird hier der Kern eines psychologischen Problems sichtbar, das auch in Hinblick auf Sylvias späteren Tod bedacht sein will.
Noch einmal dazu Nancy Hunter Steiner:
»Solange ich die Teile wieder zusammensetzte und ihre Angst in jene Räume zurückdrängte, wo sie sie verborgen hielt, war sie bereit zu experimentieren, ohne sich um die Konsequenzen groß zu kümmern – oder jedenfalls tat sie so. Sie wollte so unbedingt den Erwartungen der Gesellschaft entsprechen, der zufolge sie eine helle, charmante, enorm talentierte Schülerin bürgerlicher Konformität war. Auf der anderen Seite sehnte sie sich heftig danach, das Leben in seiner ganzen grimmigen und herrlichen Komplexität zu erfahren. Dieser Konflikt war schmerzlich und kannte kein Ende. Wenn sie meinte, in diesem Sommer diesen Konflikt mit einem neu gefundenen Selbstvertrauen zu überwinden, so war das eine Illusion. Ihr Selbstvertrauen mochte zunehmen, aber meines schwand dahin. Ich fühlte mich ausgenommen und erschöpft, und es war eine Erschöpfung, die der Schlaf nicht heilt.«[17]
Nancy Hunter Steiner berichtet ohne Ressentiments und durchaus mit Anteilnahme. Sie weist aber auch auf etwas hin, das all jene bedenken sollten, die bei der Beurteilung von Konflikten Sylvias mit anderen Menschen allzu rasch einseitige Schuldzuweisungen zur Hand haben:
Sylvia ist schwierig, anspruchsvoll, intensiv in ihren Gefühlen bis zu einer Verzerrung und nicht ohne ein gehöriges Maß an Egozentrik.

Einige Wochen nach diesem Zwischenfall trifft sie sich mit ihrem alten Freund Gordon Lameyer. Ihm erzählt sie, sie wolle sich von Irwin trennen. Er habe versucht, sie zu vergewaltigen. Im übrigen aber sei sie noch unberührt.
Man merkt, wie tatsächliches Geschehen und Einbildung sich bei ihr vermischen.
An diesem Abend schläft Gordon mit ihr. Einige Wochen später ruft sie ihn aufgeregt an und teilt ihm entsetzt mit, sie sei schwanger. Gordon ist durchaus bereit, sie zu heiraten. Kurz darauf be-

kommt sie wieder ihre Periode. Jetzt findet sie, ihre akademischen Ambitionen seien mit einer Heirat derzeit unvereinbar.
Ein Gefühl von Hilflosigkeit bei Belastungen und in schwierigen Situationen teilt sich aus alldem mit.
Tatsächlich scheint sie sich, um »Erfahrungen« zu machen, die sie künstlerisch verwerten will, immer wieder in Situationen zu begeben, denen sie emotional nicht gewachsen ist.
Aber wirken da nicht noch andere Kräfte mit, die sie nun drängen, sich mit verschiedenen Männern einzulassen: Sehnsucht nach mehr als einem Abenteuer? Die Einsicht, daß sich ihre sexuellen Bedürfnisse nicht so einfach, dem Gebot der gesellschaftlichen Meinung folgend, vertagen lassen? Oder hofft sie so den Optimismus und die Selbstbestätigung zu finden, um ihre Ängste fortzudrängen?
Und auch dies beobachtet Nancy Hunter Steiner:
»Sie hatte wenig Geduld bei physischem Schmerz; da sie all ihre Energien immer dafür verbrauchte zu existieren, hatte sie keine Reserven, aus denen sie im Notfall hätte schöpfen können.«[18]
Ein Erwachen mit Kopfschmerzen kann bei ihr zu einer Katastrophe werden, die sie meint, nicht überstehen zu können.
Was das Studium betrifft, so hat sie weiter Erfolg. Sie bekommt das höchste Stipendium, das das College je vergeben hat. Sie konzentriert sich auf ihre Abschlußarbeit zur Gestalt des Doppelgängers in verschiedenen Romanen der Weltliteratur. Sie nimmt an einem Kurs für *creative writing* bei Alfred Kazin teil, belegt außerdem einen Kurs für Lyrik und erntet von beiden Lehrern höchstes Lob.
Fortgesetzt werden die halb geheimen Wochenenden mit Richard Sassoon in New York, wo das Paar exotische Restaurants besucht, ausgefallene Filme ansieht und sich liebt. Gordon Lameyer hingegen wird öfter mit der Ausrede abgespeist, sie sei mit ihrer Abschlußarbeit beschäftigt.
Es ist wiederum Nancy Hunter Steiner, der wir ein genaues Porträt der Studentin als Dichterin verdanken. Hier ist ein Bereich mehr, in dem sich Sylvia Plath zu einem zwiespältigen Verhalten genötigt sieht. Von ihrem Äußeren her, urteilt die Freundin, habe Sylvia ohne weiteres als Stewardeß oder als Heldin in einem nicht jugendfreien Film gelten können.

Zu diesem Bild des *American glamour girl* steht die Atmosphäre der meisten ihrer Gedichte in schroffem Gegensatz:

> Wie eine Sprotte in einem Einmachglas.
> Ein Fischkorb voll Aale, ganz kribblig.
> Sprunghaft wie eine mexikanische Bohne.
> Richtig wie eine gelöste Rechenaufgabe.
> Eine blanke Schiefertafel, darauf deine eigenen Züge.[19]

Nancy Hunter Steiner schreibt über die Freundin kurz vor Abschluß des College und gibt dabei auch gleich einen Hinweis auf die Besonderheiten ihres literarischen Arbeitsprozesses:

»Während sie nach außen die ernsthafte Studentin spielte, schrieb Syl Lyrik, in der die Lebensbedingungen nicht durch ein nettes Arrangement beschönigt wurden. In ihrem Werk explodierten Welten des Häßlichen und Entstellten. Das wurde herausgestoßen in metaphorischem Überfluß. Dieses Paradox beunruhigte mich zuerst, später reimte ich mir eine mögliche Erklärung zurecht. Sylvia konstruierte Bilder, wie ein Ingenieur Brücken konstruiert – mit sorgfältigster, fast mathematischer Beachtung jedes Details. Sie schrieb langsam, blätterte im Wörterbuch und im Sprachschatz nach dem genauen Wort, das sie brauchte, um einen bestimmten poetischen Eindruck hervorzurufen. Manchmal suchte sie Wörter mit beunruhigender Nebenbedeutung, um einen Schockeffekt zu erzielen. Häufig jedoch spiegelte ihre Lyrik lediglich den turbulenten Prozeß, der sich unter ihrem scheinbar ruhigen Äußeren abspielte. In ihrem Kern durchlebte Sylvia ein Branden wütender Gefühle und gewalttätiger Impulse. An der Oberfläche aber, um sie unter Kontrolle zu halten, trug sie den Umhang einer bürgerlichen Dame, der sie doch hemmte und einengte wie eine Zwangsjacke. Die Worte flossen nicht in einem stetigen, mühelosen Strom. Sie konnten nur schmerzhaft, Stück für Stück hinter einer massiven Blockierung freigelegt werden.«[20]

In ihrem letzten Jahr auf dem College verfaßt Sylvia Plath zwei Kurzgeschichten und 55 Gedichte, von denen wiederum mehrere

in so angesehenen Zeitschriften wie *Harper's, The Atlantic Monthly, The Nation* und *Mademoiselle* erscheinen.
Sie ist unterdessen zu *der* jungen Autorin Neuenglands avanciert und gewinnt bei einem sich über zwei Tage hinziehenden Wettbewerb den »Mt.-Holyoke-Glascock-Preis«. Sie wird zu einem Schreib-Workshop nach New York eingeladen, den niemand anderer als der Krimiautor Mickey Spillane leitet.
Anfang Juni 1955 besteht sie ihre Abschlußprüfung magna cum laude, erhält einen Preis für ihre Abschlußarbeit, für ihre Gedichte und als beste Studentin im Fach Englisch. Aber am meisten zählt, daß man ihr das Fulbright-Stipendium für das Newnham College der Universität Cambridge in England zuspricht – ein Stipendium, das die Reisekosten, die Studien- und Lebenshaltungskosten abdeckt und darüber hinaus noch einen beträchtlichen Geldbetrag zum Bücherkauf vorsieht.
Noch ehe feststeht, daß sie das Stipendium bekommt, schreibt sie an ihre Mutter:

»Wenn ich nur in Cambridge akzeptiert werde. Mein ganzes Leben würde in einen Regenbogen explodieren. Denk doch nur einmal an den Reichtum, an den Zuwachs von Erfahrungsmaterial in Europa, was könnte ich dann alles für Geschichten und Gedichte schreiben – die Lokalfarbe, die Leute, der Augenschein der Atmosphären. Ich glaube wirklich, wenn ich weiter arbeite, werde ich eines Tages ein guter ›minor writer‹ werden.«[21]

Der Begriff *minor writer* ist mit »zweitrangiger Autor« nur ungenau und zu abfällig übersetzt. Einmal mehr verweist er auf Sylvia Plaths Vorsicht bei Selbsteinschätzungen und Prognosen über das eigene Können.
Wieviel davon, so fragt man sich, rührt her aus verinnerlichter Suggestion einer vom Diktat der Männer bestimmten Literaturwelt?
Sylvia Plath ist jetzt dreiundzwanzig Jahre alt. Viele ihrer Wünsche haben sich erfüllt – nur der nach der großen Liebe nicht.
Als sie sich zwei Jahre zuvor um die Stelle als Gastredakteurin bei *Mademoiselle* beworben hatte, war sie aufgefordert worden, etwas über ihre Wünsche ans Leben zu schreiben. Sie hatte in diesem

Text geschrieben, ihr Mann müsse groß und (intellektuell) brillant sein, sie würden gemeinsam hart arbeiten, lebenstüchtige, intellektuelle Freunde haben, ins Theater, in Konzerte und Ausstellungen gehen, sich den *New Yorker,* die *Saturday Review of Literature,* das Magazin *Time,* die *Sunday Times* und den *Monitor* halten. Sie aber werde dann in der Lage sein, sich alle Lyrikbände zu kaufen, die sie sich wünsche, und alle Tweedkostüme noch dazu.

Normale Wünsche, wie sie nicht nur Frauen haben – gewiß. Und wer würde sich nicht freuen, wenn sich solche Wünsche in der Zukunft für sie erfüllt hätten! Und doch wird auch hier jenes Muster der Gegensätze deutlich, die sie in ihrer Person nicht überbrücken noch aushalten konnte: Verstand und Gefühl; Leben mit und für Kunst und Bürgerlichkeit im Sinne von Anpassung an die vorherrschende gesellschaftliche Norm; Geselligkeit und Isolation; Anpassung und Widerstand; Wunsch nach der Befreiung aus einer überkommenen Frauenrolle im Sinne von Selbständigkeit, aber gleichzeitig auch das Verlangen nach Stärke, die Schutz verleiht, und Autorität beim Partner, die die eigenen Ängste besänftigt.

England oder Ein neuer Anfang

Ende September 1955 kommt Sylvia Plath nach Cambridge in England und beginnt dort ihr Jahr am Newnham College. Ihr Ziel ist es, an der berühmten Universität den Doktorgrad zu erwerben, um vielleicht später selbst Literaturwissenschaften zu lehren oder als Kritikerin und Publizistin zu arbeiten. Beides sind die in der angelsächsischen Welt üblichen Brotberufe für eine Autorin.

Das College und das Studentenwohnheim liegen eher am Rande der Stadt. Sie läßt sich also aus den USA ihr Fahrrad kommen, um damit die langen Wege zurückzulegen. Im übrigen ist sie von Cambridge begeistert: von seiner Atmosphäre als Universitätsstadt, aber auch vom akademischen Leben. Sie fühlt sich in ihren Interessen und Neigungen verstanden.

Sie lädt sich wiederum ein ehrgeiziges Studienprogramm auf: Tragödien aus allen literarischen Epochen, Literaturkritik, britische Literatur und englische Moralisten.

Ihre Vorliebe unter den Dozenten und Professoren gilt Dorothea Krook, einer jungen Frau, die vom Typ her eine gewisse Ähnlichkeit mit ihrer Psychiaterin in den USA, mit Ruth Beuscher hat.

Dr. Krook, von einer Biographin später dazu befragt, sieht Sylvia Plaths Stärke als Studentin nicht so sehr in einer brillanten Intelligenz als in einem jeweils sehr persönlichen Bezug dessen, was sie in einem Werk vorfindet, auf ihr eigenes Leben.

Viele der Arbeiten, die sie bei Dr. Krook schreibt, erhalten die bestmögliche Note.

Neben ihren Studien betätigt Sylvia sich auch noch im »Cambridge Amateur Dramatics Club« und geht regelmäßig in einen politischen Studentenklub. Sie schreibt Beiträge für *Varsity,* eine Zeitschrift, die in Cambridge erscheint, und ist dort auf einer Doppelseite auch als Fotomodell zu sehen, das die neue Mode vorführt.

An einer Universität, an der auf zehn Männer nur eine Frau kommt, ist sie allein durch ihre Größe, ihr schönes, blondgefärbtes Haar, ihr amerikanisch wirkendes Make-up eine auffällige Persönlichkeit. Als ein *golden girl* beschreibt sie der Redakteur einer studentischen Literaturzeitschrift, »begabt, in sich ruhend, energisch, ernsthaft und von angespannter Aufmerksamkeit«.[1]

Dennoch: Ihr Plan, Cambridge, was das akademische wie das soziale Leben betrifft, im Sturm zu erobern, scheitert. Sie hat Unfälle, ist häufig krank. Einmal muß sie ins Krankenhaus, um sich einen Splitter, der ihr ins Auge geraten ist, herausoperieren zu lassen.

Mitte Februar 1956 gerät sie wieder in eine psychische Krise. Sie trägt nur schwarze Kleider, dazu rote Handschuhe und ein Haarband, das sie nie ablegt. Sie fühlt sich müde und entmutigt, hat seit längerer Zeit wieder Trigeminusschmerzen. Sie ist mit ihren Leistungen an der Universität unzufrieden, schimpft mit sich selbst darüber, daß sie zuwenig für ihr Studium arbeite. Sie fühlt sich einsam und verlassen, sehnt sich nach ihrer Mutter und den Freunden in Amerika.

Ende Februar sucht sie wieder einen Psychiater auf. In ihrem Tagebuch findet sich ein imaginärer Brief an den Arzt. Er lautet:

»Lieber Doktor: Ich fühle mich krank. Mein Herz ist mir in den Magen gerutscht, und dort klopft und spottet es meiner. Plötzlich empfinde ich die einfachsten Rituale des Tages wie den Widerstand eines bockenden Pferdes. Es wird unmöglich, den Menschen in die Augen zu sehen: Korruption könnte wieder ausbrechen? Wer weiß. Der Small talk wird anstrengend. Die Feindseligkeit wächst auch. Dieses gefährliche, tödliche Gift, das aus einem kranken Herzen kommt. Auch aus einer kranken Seele. Das Bild der Identität, das wir uns täglich erkämpfen müssen, um eine neutrale oder feindliche Welt zu überzeugen, bricht innerlich zusammen: Wir fühlen uns zerstört.«[2]

Man kann vermuten, daß diese erneute Depression unter anderem mit Schwierigkeiten zusammenhängt, die sich im Verhältnis zu ihrem Freund Richard Sassoon ergeben haben, der nun in Paris an der Sorbonne studiert.

Sie hat ihn zu Weihnachten in Paris besucht, ist mit ihm gereist. Er hat andere Freundinnen. Offenbar haben ihn Bemerkungen von Sylvia verschreckt, sie wolle ein Kind haben. Er hat ihr erklärt, er brauche einige Zeit, um sich über seine Beziehungen klarzuwerden. Sie möge ihm auch vorerst nicht schreiben.

Diese Bitte respektiert sie insofern, als sie die Briefe, die für ihn bestimmt sind, einfach nicht abschickt. Sie tauchen später als geschlossenes Konvolut auf und sind jetzt mit ihren Tagebüchern veröffentlicht.
Man kann sicher sein, daß Richards Verhalten wieder einmal ihre alten Verlassensängste wachgerufen hat. In ihrem Tagebuch ist von ihrem Zorn auf ihn die Rede, aber sofort auch wieder von ihrem schlechten Gewissen deswegen. Und sie beklagt, daß sie die »große Liebe« immer noch nicht gefunden hat.

»25. Februar. Ging heute morgen zum Psychiater und mochte ihn: attraktiv, ruhig und bedacht, mit diesem angenehmen Gefühl von Alter und Erfahrung als Hintergrund, spürte: Vater, warum auch nicht? Wollte in Tränen ausbrechen und rufen: Vater, Vater, tröste mich. Ich erzählte ihm von meinem Zusammenbruch und fand, daß ich hauptsächlich darüber klagte, keine Menschen mit Reife hier zu kennen: Das ist es auch. Es gibt hier nur einen Menschen, den ich bewundere, der älter ist als ich.«[3]

Wenn es schon eine solch väterliche Bezugsperson nicht gibt, wünscht sie sich, einen Ehemann zu finden:
»Mein Gott, ich würde gern kochen und ein Haus einrichten, die Träume eines Mannes anfachen . . .«[4]
Was sie aber am meisten fürchtet, ist »der Tod der Einbildungskraft. Wenn der Himmel draußen bloß rosa erscheint und die Dächer nur schwarz: dieses fotografische Bewußtsein, das paradoxerweise die Wahrheit über die Welt sagt, wenn auch eine wertlose Wahrheit. Es ist dieser Kunst hervorbringende Geist, diese formende Kraft, die fruchtbar austreibt und ihre eigene Welt schafft, mit stärkerer Erfindungskraft als selbst Gott, die ich mir wünsche. Wenn ich stillsitze und nichts tue, läuft die Welt weiter wie eine schlaffe Trommel, ohne Bedeutung. Wir müssen uns bewegen, arbeiten, Träume schaffen, auf die hin wir uns bewegen; die Armut eines Lebens ohne Träume ist zu schrecklich, um sie sich auch nur vorzustellen«.[5]
Sie wünscht sich Intensität – in der Liebe, in der Phantasie. Sie wünscht sich jemanden, dessen Lebenserfahrung sie vertrauen

kann, und da ihr Wünschen so stark ist, projiziert sie all dies auf einen Menschen, dem sie zufällig begegnet.
In einem eben gegründeten Literaturmagazin in Cambridge beeindrucken sie die Gedichte eines jungen Engländers. Er heißt Ted Hughes.
Sie lernt ihn auf einer Art Vernissage für die erste Nummer der Zeitschrift kennen. Nicht unwichtig ist im Licht späterer Ereignisse der Name des Ortes, an dem das geschieht: Falcon Yard (Falken-Hof). Er wird später zum Titel ihres zweiten, nicht erhaltenen Romans.
Es ist eine stürmische Begegnung. Bald zieht sich das Paar in ein leeres Zimmer zurück. Ted stiehlt Sylvia ihr geliebtes rotes Haarband und ihre Ohrringe. Als er sie auf den Hals küßt, beißt sie ihn in die Wange. Als sie wieder zu den anderen stoßen, läuft Blut über Teds Gesicht.
In Briefen an die Mutter berichtet Sylvia, sie habe sich »schrecklich« in Ted Hughes verliebt. Dies könne nur »mit großen Schmerzen enden«.[6]
Unabhängig von seiner tatsächlichen Wesensart projiziert sie auf ihn das Bild des Mannes, nach dem sie immer als große Liebe gesucht hat:
»... ein breiter, ungeschlachter, robuster Adam ... mit einer Stimme wie der Donner Gottes – ein Sänger, Geschichtenerzähler, Löwe und Weltenbummler, ein ruheloser Vagabund ...«[7]
Diese Charakterisierung ist gerade in ihrer Überhöhung und der stark romantischen Verklärung aufschlußreich. Ein starker, robuster Mann ist das. Also ein Mann, bei dem sie, die sich ja irgendwo auch von den übermächtigen, auf sie fallenden Schatten der Männerwelt befreien will, Schutz sucht.
Ein charmanter Mann ist das gewiß, mit ähnlichen Interessen wie sie. Jemand, der viel von Literatur versteht, von Philosophie, der sich im Bereich des Magischen und Mystischen auskennt – auch das ist Ted. Aber auch ein Mann, dessen Verständnis von Frauen offenbar ein traditionell-chauvinistisches ist: Frauen, wie er sie sieht, wollen »genommen«, erobert, unterworfen werden. Es soll damit nicht gesagt werden, daß Ted im Verhältnis zu Frauen nicht zu sensiblen Reaktionen fähig wäre. Aber es wird sich herausstellen, daß

er auf die Probleme jener Frau, die ihn als ihre große Liebe betrachtet, ziemlich konventionell reagiert.
Als »robuster Adam« geht er davon aus, daß in einer Lebensgemeinschaft die Frau für Kochen und Putzen zuständig ist, daß man ihn, der dichtet, mit der Rücksicht und dem Verständnis behandeln muß, die dem Fortschritt seiner Arbeiten förderlich sind.
Unwillkürlich fühlt man sich an Otto Plath, Sylvias Vater, erinnert. Obwohl Sylvia dieses Muster ja gewiß vertraut gewesen ist und sie es kritisch wahrnehmen konnte, wird es ihr bald selbstverständlich vorkommen, daß ihre eigene künstlerische Arbeit zugunsten der Teds zurücktreten muß. Zumindest in den ersten Jahren ihrer Beziehung ist sie die Frau neben einem Dichter; es ist nicht das Zusammenleben eines Mannes und einer Frau, die beide begabt sind, beide um Anerkennung kämpfen und wo jeder den anderen zu seinem Recht kommen läßt.
Es wird bei Sylvia Plath immer wieder Augenblicke geben, in denen sie meint, sich für Teds Kreativität »opfern« zu müssen. Daß aus solchen Unterwerfungsgesten unter die gesellschaftlichen Normen des Männer- und Frauenbildes Aggressionen entstehen, ist selbstverständlich.
Damit habe ich der weiteren Entwicklung dieser Beziehung aber schon vorgegriffen. Vorerst können wir uns Sylvia überschwenglich verliebt vorstellen.
In dem Gedicht »Ode für Ted« lautet der letzte Vers:

> In seinem Wald ruhn Ringeltauben gut;
> der Stimmung seines Schlendergangs
> folgt ihr Gegurr; muß nicht sehr froh sein
> dieses Adams Frau, wenn
> alle Welt auf seinen Ruf aufspringt
> zu loben solchen Mannes Blut![8]

Und in einem Brief an die Mutter heißt es:
»Ich bin glücklich, inmitten all der Gefahr; dieser Frühling in Cambridge, mit Ted, der für einen Augenblick noch da ist, bevor er nach Spanien und dann nach Australien verschwindet, ist höchste Freude.«[9]

Ted ist für sie der Mann, der ihren Jugendfreund Dick Norton endgültig aus ihrem Bewußtsein verdrängt. Aber dann notiert sie auch wieder voller Selbstzweifel im Tagebuch:

»Ich werde ihn (Ted) niemals wiedersehen, und die dornigen Begrenzungen des Tages drängen sich herein wie die Spitzen an den Gittern von Queens letzte Nacht. Ich könnte ja doch nicht mit ihm schlafen, mit all seinen Freunden hier und seiner engen Bindung an sie . . . Ich werde ihn nie mehr sehen, er wird mich nie mehr so anschauen. Er sprach meinen Namen aus, Sylvia, und rammte einen schwarzen, grinsenden Blick in meine Augen, und ich würde so gern noch einmal meine Kraft dagegensetzen wollen . . .«[10]

Die Situation ist zunächst kompliziert. Ted Hughes arbeitet in London und hat dort eine Freundin. Er will demnächst für längere Zeit nach Australien gehen. Sylvia hat vor, nach Paris zu reisen, wo sie zwar Richard Sassoon nicht treffen kann, wohl aber ihren anderen Freund, Gordon Lameyer. Die Nacht vor ihrer Abreise verbringt sie mit Ted in dessen Wohnung in London.

Die Reise mit Gordon nach Deutschland und Italien endet in Rom mit einem Fiasko. Sylvia kehrt von dort direkt nach London zurück. Es gibt nur noch Ted!

Bezeichnend für den Zusammenhang zwischen ihrer Enttäuschung über Richard Sassoon und ihrer Beziehung zu Ted sind die folgenden Sätze aus dem Entwurf zu einem Brief, in dem sie Richard zu erklären versucht, warum sie nicht, wie verabredet, in Paris auf ihn gewartet hat:

»Etwas Schreckliches ist geschehen. Es begann schon vor zwei Monaten und hätte nicht geschehen müssen, wie es ja auch nicht nötig gewesen wäre, daß Du mir schriebst, Du wolltest mich nicht in Paris sehen und nicht mit mir nach Italien fahren. Als ich zurück nach London kam, war es gewissermaßen zwangsläufig, daß dies geschehen würde.«[11]

Gemeint ist offensichtlich die Begegnung mit Ted und Sylvias Fixierung auf ihn. Jetzt ist sie trotz aller Schwierigkeiten und Widerstände entschlossen, Ted zu heiraten.

Um diese Zeit stirbt Sylvias geliebte Großmutter an Krebs. Sylvias

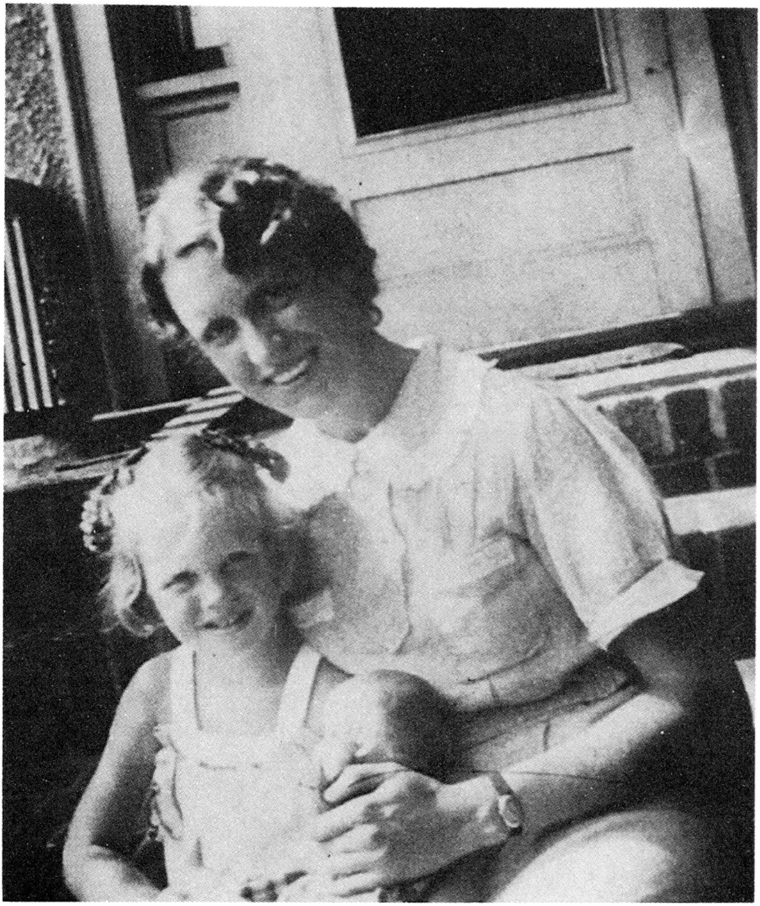

Sylvia und ihre Mutter in Winthrop, Mass., im August 1937

Otto Plath, 1930

Aurelia Plath, 1930

Sylvia, ihr Bruder Warren und ihre Mutter, 1950

Sylvia im Sommer 1954 (Foto: Gordon Lameyer)

Sylvia im Garten in Wellesley, 1954

Sylvia und Ted Hughes in Paris, 1956

Sylvia und ihre Kinder Frieda und Nick in Devon, einen Tag nach Nicks Taufe im Dezember 1962

Mutter entschließt sich zu einer Reise nach Europa, bei der sie auch ihre Tochter in London besuchen will.
An ihren Bruder Warren schreibt Sylvia, Ted sei der einzige Mann, der für sie auf der Welt in Frage komme. Wieder fällt ein Stichwort, das uns aufhorchen läßt. Sie nennt Ted in diesem Brief einen »gewalttätigen Adam«.[12]
Jetzt ist es an der Zeit, diesen »einzigen Mann auf der Welt« doch etwas genauer in Augenschein zu nehmen.
Ted Hughes stammt aus Yorkshire, aus der näheren Umgebung jenes Ortes, an dem die Brontë-Geschwister aufgewachsen sind. Sein Vater betreibt einen Tabakladen. Ted ist das jüngste von drei Kindern, 1930 geboren, also zwei Jahre älter als Sylvia. Er hat in der Royal Air Force als Funker Dienst getan und 1954 sein College-Abschlußexamen in Anthropologie gemacht. Er schreibt Gedichte, die zunehmend Beachtung finden, jagt, fischt, verfügt über genaue Kenntnisse der großen Autoren der englischen Literatur. Er interessiert sich für Astrologie, Folklore und Mythen. Er glaubt an Totemtiere – das seine ist der rote Fuchs. Als Autor ist er das, was man ein hoffnungsvolles Talent nennt. Er hat sich mit der Philosophie Schopenhauers intensiv beschäftigt. Er plädiert für ein Gleichgewicht von Körper und Seele, von Natur und Spiritualität. Sylvia bewundert ihn, seine Bildung, seine Interessen.
Sie heiraten überstürzt und geheim – dies hauptsächlich, weil Sylvia fürchtet, als verheiratete Frau ihr Stipendium zu verlieren – am 16. Juni 1956, dem sogenannten Bloomsday (jenem Tag, an dem auch James Joyce' großer Roman *Ulysses* spielt), in der Church of St. George in London. Niemand ist erstaunter als Aurelia, die gekommen ist, um ihre Tochter zu besuchen, und nun an deren Hochzeit teilnimmt. Nach der Trauung reist das junge Paar nach Spanien, zunächst nach Madrid, dann nach Benidorm, damals noch ein verschlafenes Fischernest.
Sylvias Bild von Ted ist von Anfang an seltsam zwiespältig: Einerseits ist er der »einzige Mann«, ein Mensch, in den sie ein geradezu blindes Vertrauen setzt, andererseits nimmt sie an ihm von Anfang an Wesenszüge wahr, die sie fürchtet und die ihr unheimlich sind.
Noch vor ihrer Heirat hat sie diese Zweifel ihrer Gönnerin Olive Higgins Prouty in einem Brief anvertraut. Sylvia berichtet, daß Ted

gern trinke und Frauen erobere, und wörtlich heißt es: »Er liebt es, Menschen und Dinge zu zerbrechen.«

Mrs. Prouty antwortet darauf sehr vernünftig – sich freilich wohl auch der Vergeblichkeit ihrer Warnung bewußt –, Sylvia werde sich hoffentlich keine Illusionen darüber machen, daß sie einen Mann von sechsundzwanzig Jahren nicht grundlegend werde ändern können.

Ein weiterer Hinweis findet sich im Tagebuch, in Sylvias Bericht von ihrer Hochzeitsreise und dem Aufenthalt in Spanien. Da nennt sie Ted und sich zwei »schweigende Fremde«.[13] Ein Paar auf der Hochzeitsreise, die große Liebe ihres Lebens ... und dann: »schweigende Fremde«.

Es kann jedem selbst überlassen werden, sich vorzustellen, welchen Erfahrungen diese Eintragung entsprungen ist. Die Desillusionierung, die Enttäuschung muß rasch gekommen sein. Schon Ende Juli – immer noch sind die beiden in Spanien – notiert Sylvia in ihrem Tagebuch:

»Die Welt scheint mir über Nacht verbogen und sauer wie eine Zitrone.«[14]

Nicht gerade ein Satz, der auf ein Schwelgen in jungem Glück schließen läßt.

Anfang August kehren Ted und Sylvia nach London zurück, um Sylvias Mutter, die unterdessen Europa bereist hat, vor ihrem Rückflug nach Amerika noch einmal zu sehen. Anschließend fährt das junge Paar zu Teds Eltern nach Yorkshire.

Sylvia wird von der Familie ihres Mannes offenbar mit großer Herzlichkeit aufgenommen. Die Landschaft gefällt ihr, nicht nur wegen ihrer literarischen Reminiszenzen und der Überreste alten Volksglaubens, in denen sich Ted gut auskennt. Sie wandern viel über die wilden, weglosen Moore, über denen manchmal ein phantastisches, Endlosigkeit und Geheimnis suggerierendes Licht hängt. Die Essenz dieser Landschaft ist eingezeichnet in einer Beschreibung, die Sylvia von jener Gegend gibt, in der der Roman *Sturmhöhen* spielt:

»Stell Dir das Dach der Welt vor, mit all den purpurnen Hügeln, die hinwegkurven, und graue Schafe, grasend, mit geschwungenen Hörnern, schwarzen dämonischen Gesichtern und gelben Augen

... schwarze Steinmauern, klare Bäche, aus denen wir tranken, und endlich ein einsames, verlassenes Steinhaus, schwarz, niedergebrochen, sich an den windbestrichenen Hang des Hügels klammernd.«[15]

Den Plan, nach Australien zu gehen, hat Ted inzwischen aufgegeben. Dennoch stehen einem ständigen Zusammenleben der beiden noch beträchtliche Schwierigkeiten entgegen. Nach wie vor ist unklar, wie die Fulbright-Kommission reagieren wird, wenn ihr zu Ohren kommt, daß ihre Stipendiatin inzwischen verheiratet ist.
Im Oktober muß Sylvia nach Cambridge zurück, Ted hat in London bei der BBC zu tun. Für Sylvia ist die Trennung offenbar besonders schwer zu ertragen. Ted tröstet sie mit ausführlichen, liebevoll auf sie eingehenden Briefen.
Es wird ihnen klar, daß sie jetzt nicht getrennt voneinander leben können, ohne ihre Beziehung aufs Spiel zu setzen. Also vertraut sich Sylvia ihrer Lehrerin, Dorothea Krook, an und erzählt ihr, daß sie heimlich geheiratet hat. Dr. Krook rät ihr, auch dem Fulbright-Komitee reinen Wein einzuschenken.
Der Stipendien-Ausschuß reagiert durchaus einsichtig, wenngleich nicht ohne unausgesprochene Mißbilligung. Immerhin kann Sylvia ihr zweites Studienjahr in Cambridge beenden. Das Stipendium wird weitergezahlt. Allerdings muß sie die Pläne zu promovieren begraben. Im Dezember 1956 zieht Sylvia in eine Wohnung in der Nähe des College, die Ted unterdessen gemietet hat.
Als Sylvia Anfang 1957 eine Dozentenstelle an ihrem alten College in den USA angeboten wird und sich die Aussicht ergibt, daß Ted in der Nähe von Boston ebenfalls eine Dozentur übernehmen kann, entschließt sich das Paar, nach Amerika zu fahren, sobald das Fulbright-Stipendium für Sylvia in Cambridge ausläuft.
Es trifft sich gut, daß eben eines von Teds Lyrik-Manuskripten einen Preis in New York gewonnen hat, was die Veröffentlichung der Gedichte in einem bekannten amerikanischen Verlag nach sich zieht. Später wird dieser Band, *The Hawk in the Rain* (»Der Falke im Regen«), auch in England bei Faber und Faber erscheinen. Ted wird dann lobende Worte des großen alten Mannes der englischen Literatur, T. S. Eliot, hören.

Ihr Abschlußexamen in Cambridge beendet Sylvia mit »gut«, was eine gewisse Enttäuschung für sie bedeutet. Zu diesem Zeitpunkt sind sich einige ihrer Lehrer schon darüber im klaren, daß sie ihren Weg als Autorin und nicht als Literaturwissenschaftlerin gehen wird.

In Amerika wird Ted von Sylvias Verwandten und Bekannten sehr bewundert. Sylvia ist glücklich über die Zustimmung, die die Wahl ihres Ehepartners bei Freunden und Bekannten findet.
Dann, Ende Juli 1957, glaubt sie schwanger zu sein.
Was bei einer jungen Frau sonst Anlaß zur Freude wäre, würde Sylvia Plath zum jetzigen Zeitpunkt in eine Katastrophe stürzen. Im Falle einer Schwangerschaft könnte sie ihre Dozentur nicht antreten. Und ob Ted einen Lehrauftrag bekommt, ist noch offen.
Sylvia ist niedergeschlagen. Sie weint bei ihrem Arzt. Blutuntersuchungen sollen Gewißheit bringen. Kaum hat sie sich ihnen unterzogen, bekommt sie wieder ihre Periode. Ihre häufigen Menstruationsstörungen scheinen psychosomatischer Art gewesen zu sein.
Das für eine zur Berufstätigkeit genötigte Frau in dieser Situation Bezeichnende: Sie, sie allein hat Schuldgefühle. Ted scheint seine Mitverantwortung für diese Krise nicht einmal erwogen zu haben.
Auch diese Erfahrung wird nicht gerade dazu beigetragen haben, eine gewisse Enttäuschung, die Sylvia über das Verhältnis zwischen ihr und Ted empfindet, vergessen zu machen. Im Gegenteil.
Endlich, im September 1957, bezieht das Paar eine Dreizimmerwohnung eine Meile vom Campus des Smith College entfernt.
Sylvia Plath wird an dem College als Dozentin tätig sein, an dem sie vor zwei Jahren selbst noch Studentin gewesen ist.

Zurück nach Amerika

Zum Herbstsemester 1957 nimmt Sylvia ihre Tätigkeit als Dozentin am Smith College auf, während Ted, dessen Teilzeitjob erst im Frühjahrssemester 1958 beginnt, meist daheim sitzt und Gedichte und Kindergeschichten schreibt. Sein Gedichtband *Der Falke im Regen* ist im Herbst 1957 in den USA erschienen und erhält gute Kritiken. Ted wird häufig zu Lesungen eingeladen. Seine Erwartungen in bezug auf einen Aufenthalt in den USA dürften sich erfüllt haben.

Für Sylvia hingegen sind die Lebensumstände bedrückend. Sie versucht, drei verschiedenen Rollen gerecht zu werden: der einer jungen Universitätsdozentin, der einer Ehe- und Hausfrau, der einer jungen Autorin. In keinem dieser Lebensbereiche ist sie so erfolgreich, wie sie es sich wünscht.

Als Universitätsdozentin, genauer: als »Instruktorin«, die Kurse für Erstsemester gibt, muß sie einsehen, daß ihr die Lehrtätigkeit alles andere als leichtfällt. Bei ihren ehemaligen Lehrern hat sie wenig Rückhalt, einige zeigen ihr die kalte Schulter. Sie läßt sich von Intrigen und dem Klatsch im Kollegium beeindrucken, hat Skrupel, ob sie ihren Studentinnen gerecht werde.

In deren Augen allerdings erscheint sie als schön, erfolgreich und interessant. Zu ihrem Prestige trägt durchaus auch bei, daß man weiß, sie schreibt Gedichte, hat zwei Jahre in England studiert, ist mit einem englischen Dichter verheiratet.

Zunehmend konfliktbeladen ist ihr Verhältnis zu Ted. Sylvia nimmt es ihm übel, daß er zunächst daheim bleiben und ständig schreiben kann, während sie das Geld für den gemeinsamen Lebensunterhalt verdienen muß. Dazu kommt, daß Ted nicht einmal daran denkt, ihr auch nur einen Teil der lästigen Hausarbeit abzunehmen, und nörgelt, wenn sie einmal vergißt, an seinem Jackett einen Knopf anzunähen oder seine Socken zu stopfen.

Immer deutlicher treten bei den beiden Schwierigkeiten zutage, wie sie viele Ehepaare haben.

Ted hält Verabredungen nicht ein. Sylvia beschuldigt ihn der Untreue und ist eifersüchtig, wenn Frauen ihn bei seinen Lesungen und Vorträgen bewundern und anhimmeln.

Ihre Beanspruchung durch Beruf und Haushalt führt dazu, daß sie kaum Zeit für kreatives Schreiben findet.
Immer häufiger kommt es vor, daß Freunde und Bekannte Sylvia Plath nur als die Ehefrau von Ted Hughes kennenlernen und überhaupt nicht wissen, daß auch sie Schriftstellerin ist.
Die Situation ändert sich auch in den Semesterferien nicht grundlegend, wenn Sylvia Zeit hätte zu schreiben. Die künstlerische Konkurrenzsituation mit Ted löst bei ihr eine Art Schreibhemmung aus.
Unterdessen hat Ted seine Tätigkeit als Lehrer für Englisch und kreatives Schreiben aufgenommen.
Damit steigt das Einkommen der beiden immerhin so weit, daß sie nach einiger Zeit rigorosen Sparens daran denken können, eine Wohnung in der Innenstadt von Boston zu mieten. Dort wollen sie beide nur noch schreiben und sehen, ob sie sich damit durchschlagen können. Von Beacon Hill, wohin sie umziehen, versprechen sie sich auch, mit der dort wohnenden literarischen Prominenz von Neuengland in Kontakt zu kommen. Daraus könnten sich Beziehungen ergeben, die ihnen Aufträge verschaffen. Sylvia will mit einem strikt festgesetzten Arbeitsprogramm ihre Schreibhemmung überwinden.
Allerdings ruft die Ausführung dieses Planes bei ihr Schuldgefühle gegenüber all denen wach, die sich seinerzeit mit Empfehlungen dafür eingesetzt haben, daß sie das Fulbright-Stipendium und anschließend die Instruktorinnenstelle am Smith College erhielt.
In Boston stellt sich bald heraus, daß auf der Basis einer freiberuflichen schriftstellerischen Tätigkeit beider ihr Lebensunterhalt nicht zu bestreiten ist. Offenbar wird Ted mit dem Problem der materiellen Unsicherheit besser fertig als sie. Hin und wieder druckt jemand eines seiner Gedichte, oder er bekommt einen der zahlreichen kleineren Literaturpreise, die die Universitäten verleihen.
Sylvia nimmt zunächst einen Job als Empfangsdame und Sekretärin in einer Nervenklinik an und wechselt von dort als Teilzeitkraft an die Sanskrit-Abteilung der Harvard-Universität.
Eine herbe Enttäuschung für sie ist es, daß ihre erste Gedichtsammlung, als Manuskript eingereicht, bei einem Lyrik-Wettbewerb für junge Autoren in Yale nur auf dem zweiten Platz landet.

Ted ist bei solchen Wettbewerben um diese Zeit viel erfolgreicher als sie. Empfindlich wie sie ist, verstärken solche Vergleiche ihre ohnehin vorhandenen Zweifel an sich selbst.
Meinungsverschiedenheiten mit Ted, die sich meist an Belanglosigkeiten entzünden, werden immer häufiger. Dabei kann Sylvia eine Art von Gewalttätigkeit an den Tag legen, die sie, wenn der Sturm vorbei ist, selbst bestürzt. Einmal zerschlägt sie in einem solchen Wutanfall die Möbel eines Hotelzimmers, in das Ted und sie sich aus ihrer Wohnung geflüchtet haben.
Mit der Enttäuschung über ihren Ehemann wächst bei ihr die künstlerische Frustration. Noch während sie am College unterrichtet, schreibt sie:
»Ich habe doch bestimmt (mit dieser Plackerei) ein, zwei Jahre verdient, in denen ich für mich selbst leben möchte.«[1]
Später dann heißt es:
»Es geht immer schlechter. Glücklich werden kann ich nur, wenn ich eine Schriftstellerin werde, und genau dies gelingt mir nicht.«[2] »Die Lähmung hält an.«[3] Oder sie klagt: »Ich war paralysiert von Angst, von tödlicher Hysterie.«[4]
Auch das verrät ihr Tagebuch: Männer interessieren sie immer weniger. Frauen werden für ihre zwischenmenschlichen Beziehungen immer wichtiger.
Sie sucht ihre alte Psychiaterin Ruth Beuscher wieder auf, die mit ihr vor allem über ihr gestörtes Verhältnis zu ihrem toten Vater spricht und über die Schuldgefühle all jenen mütterlichen Frauen gegenüber, die in ihrem bisherigen Leben eine Rolle gespielt haben.
Es scheint, daß diese Gespräche sie entlastet und entkrampft haben, denn kurz nach Wiederaufnahme der Therapie schreibt sie eine Kurzgeschichte, der der Zusammenhang mit diesen Gesprächen nur zu deutlich anzumerken ist. Der Titel lautet »Johnny Panic und die Bibel der Träume«.[5] Sie handelt von einer Sekretärin, die zu einer Liebhaberin der Träume wird.
Jeden Dienstagnachmittag nimmt Sylvia an einer Arbeitsgruppe teil, die der damals prominenteste Lyriker der USA, Robert Lowell, an der Bostoner Universität eingerichtet hat.
Sylvia mag in ihm eine verwandte Seele gesehen haben. Nicht nur

gefallen ihr seine Gedichte. Es gibt da auch gewisse Parallelen ihres Schicksals. Sie weiß, daß auch er mehrere Nervenzusammenbrüche hinter sich hat.
Offenbar enttäuscht es sie, die, was Lehrer und Schüler angeht, ein eher autoritäres Verhältnis gewöhnt ist, daß Lowell sich nicht so ohne weiteres bereit findet, selbst Regeln und Wertmaßstäbe vorzugeben, sondern von seinen Schülerinnen und Schülern erwartet, Urteile über diesen oder jenen Text zu hören.
Auf die männlichen Teilnehmer des Kurses wirkt Sylvia »maushaft und fast immer stumm«, andere finden sie kurz angebunden.
Für sie liegt der Gewinn vor allem in der Bekanntschaft mit einer Frau, aus der im Laufe der Zeit eine Freundschaft wird.
Diese andere Frau, an die sie sich im Kurs anschließt, heißt Anne Sexton. Literarisch eine Anfängerin, ist Anne von lebhaftem Temperament; eine junge Hausfrau mit zwei Kindern aus einem der Vororte der gehobenen Mittelklasse, bei der die Frustrationen über das Familienleben auch zu schweren psychischen Störungen geführt haben. Ihre Direktheit und Unbekümmertheit wirken auf Sylvia wohltuend, ja, durch die Freundschaft mit Anne Sexton ändert sich nun auch ihr lyrischer Stil. Sie beginnt, sich von den streng akademischen Regeln zu lösen. Ihre Gedichte werden lockerer, assimilieren in stärkerem Maße als zuvor die Sprachmelodie der Umgangssprache.

Im Sommer 1959 kommen Sylvia und Ted überein, ein Kind zu haben. Nach Teds Wunsch soll das Baby in seinem Heimatland, in England, zur Welt kommen. Ehe das Paar dorthin zurückkehrt, unternimmt es mit einem von Aurelia Plath geliehenen Auto eine Reise quer durch den nordamerikanischen Kontinent an die Westküste, um dort Otto Plaths Schwester Frieda zu besuchen.
Während dieser Reise wird Sylvia schwanger. Wieder in den Osten zurückgekehrt, nehmen Sylvia und Ted die Einladung zu einem zweimonatigen Aufenthalt in der Künstlerkolonie Yaddo in Saragota Springs im Staat New York an.
Es wird dies für Sylvia Plath eine glückliche und produktive Zeit. In Briefen an die Mutter berichtet sie, wie gut es ihr tue, in Yaddo ein eigenes Arbeitszimmer zu haben. Auch gilt sie hier unter den

meist älteren Kolleginnen und Kollegen eben nicht nur als Teds Ehefrau.

In Yaddo feiert Sylvia ihren siebenundzwanzigsten Geburtstag. Auf dem gepflegten Anwesen mit Park, Goldfischteich und einem Treibhaus entstehen eine ganze Anzahl von Gedichten, die später in den Band *The Colossus* (»Der Koloß«) eingehen.

Der Koloß ist ein Sinnbild für die mächtige und bedrohende, aber gleichzeitig auch auf tönernen Füßen stehende Männerwelt. In dieser Metapher überlagern sich Erinnerungen an die Gestalt des Vaters mit Erlebnissen, die mit ihren Jugendfreunden und mit ihrem Ehemann in Zusammenhang stehen.

Sylvia Plaths Vorstellung von der Aufgabe des Dichtenden hat sich verändert. Jene poetische Gelehrsamkeit – ein Programm, übernommen von der vorangehenden Generation – hat bei ihr der Auffassung Platz gemacht, ein Dichter solle ein Liedsänger sein.

Es muß darauf hingewiesen werden, daß in der 1960 in England endlich erscheinenden Buchfassung Gedichte ausgelassen sind, die Entscheidendes über Sylvia Plaths persönliche Probleme verraten. Wichtig ist in diesem Zusammenhang vor allem das Gedicht »Electra on Azalea Park«. Es führt wieder zurück in Sylvias problematische Kindheitssituation nach dem Tod ihres Vaters. Ein Selbstmordversuch, der offenbar damals schon stattgefunden hat, ist angedeutet. Auch wenn das Gedicht vielleicht eher ein Wunschbild entwirft, wird hier einmal mehr auf die Verbindung zwischen dem Schicksal des Vaters und dem ihren hingewiesen. Das Kind, als das Sylvia sich in diesem Gedicht darstellt, möchte Kind bleiben, sich so der Mitverantwortung, die sie am Tod des Vaters empfindet, entziehen.

In der Buchausgabe dieser Sammlung kommt dem »Gedicht auf einen Geburtstag« eine Schlüsselrolle zu. In ihm verbinden sich Bilder, die die Autorin bei der Lektüre der Schriften Sigmund Freuds und C. G. Jungs kennengelernt hat, mit Traumfragmenten und Metaphern aus der afrikanischen Folklore. Sofern man bei einem modernen Gedicht überhaupt eine klare Inhaltsangabe machen kann, ist in diesen Versen von der Kindheit der Autorin, von Erinnerungen an das Schreckenserlebnis des Elektroschocks, von Selbstvorwürfen und ihren Ehekonflikten die Rede. Es ist eine Art

Bestandsaufnahme der bedrängendsten Probleme einer Frau in Amerika um die Mitte des 20. Jahrhunderts.
Der Aufenthalt in Yaddo ist für Sylvia Plath wichtig und fruchtbar gewesen. Hier hat sie sich entspannt und hat, der Sorgen um ihre materielle Existenz enthoben, einen wichtigen Schritt in Richtung auf eine unverwechselbar eigene Ausdrucksweise getan.

Im Dezember 1959 verlassen Sylvia Plath und ihr Ehemann Ted Hughes an Bord der »Queen Elizabeth« die Neue Welt, um nach England zurückzukehren.
Die junge Frau, die die Geburt ihres ersten Kindes für das Frühjahr des kommenden Jahres erwartet, wird die USA, ihr Heimatland, nie mehr wiedersehen.

Das erste Kind

Anfang 1959 beziehen Ted und Sylvia eine Dreizimmerwohnung in Primrose Hill, einem Viertel der Unterschicht, nur fünf Minuten vom Regent's Park in London entfernt.
A. Alvarez, selbst Autor und Lyrik-Rezensent, beschreibt die Wohnung in einem seiner Bücher folgendermaßen:
»Die Etage war so klein, daß alles verquer gestellt schien. Man quetschte sich in einen Gang, der so vollgestopft war, daß man kaum den Mantel ablegen konnte. Die Küche schien nur jeweils eine Person aufnehmen zu können. Im Wohnzimmer saß man in einer Reihe nebeneinander zwischen einer Bücherwand und einer Bilderwand ... die ganze Wohnung vermittelte den Eindruck von Leben und Geschäftigkeit. Eine Schreibmaschine stand auf einem kleinen Tisch am Fenster; Ted und Sylvia lösten einander beim Tippen ab, arbeiteten umschichtig.«[1]
Die Zeit in England beginnt für Sylvia erfolgversprechend. Im Februar 1960 schickt ihr der Verlag William Heinemann einen Vertrag über *The Colossus and Other Poems.* Das Manuskript war erst eine Woche zuvor im Lektorat zur Prüfung eingereicht worden, muß dort also Aufsehen erregt haben.
Im März erscheint Teds Gedichtband *Luperval.* Ted erhält eine Einladung zu einer Lesung vor der Oxford Poetry Society. Kurz darauf gewinnt er für seinen Gedichtband *Der Falke im Regen* den Somerset-Maugham-Preis.
A. Alvarez schildert Ted Hughes' damalige Position und den Schatten, der von daher weiterhin auf Sylvias Stellung als junge Autorin fällt, so:
»Er (Ted) war im Begriff, ein Autor von beträchtlichem Ansehen zu werden ... auf der eintönigen Szene britischer Lyrik war eine kraftvolle Gestalt aufgetreten ... Gott allein mochte wissen, wie weit er es noch bringen würde, doch in einer wesentlichen Hinsicht war er bereits angekommen ... Er war ein großer Mann von kräftigem Aussehen. Er trug schwarze Cordjacken, schwarze Hosen und schwarze Schuhe. Sein dunkles Haar hing ihm unordentlich in die Stirn. Sein breiter Mund wirkte geistreich. Er war eine beherrschende Gestalt.«[2]

Am 1. April 1960 um 5.45 Uhr am Morgen kommt das Baby auf die Welt. Es ist ein Mädchen, wiegt bei der Geburt sieben Pfund und erhält nach der Ehefrau des englischen Schriftstellers Lawrence und nach Otto Plaths Schwester in Kalifornien den Namen Frieda. Die Wahl eines deutschen Namens ist angesichts Sylvias Aversionen einigermaßen erstaunlich.
Die Entbindung hat in der Wohnung stattgefunden. Die Wöchnerin wird von einer indischen Hebamme betreut. Nach der Geburt schreibt sie an ihre Mutter:
»In meinem Leben war ich noch nicht so glücklich.«[3]
Auf die erste Freude über das Kind folgt Erschöpfung und eine Depression. Sylvia ermüdet leicht und kann sich nur schwer an die tägliche Routine gewöhnen. Andererseits ist sie nicht bereit, sich durch das Baby in ihrem Tatendrang einschränken zu lassen. Das erst ein paar Wochen alte Kleinkind nimmt sie mit auf eine Antiatomdemonstration.[4] Zusammen mit Ted geht sie auf eine Cocktailparty im Verlag Faber und Faber. Zusammen mit Ted wird sie vom Ehepaar Eliot zum Essen eingeladen.
Wenn sie darauf besteht, in der Öffentlichkeit mit dabeizusein, so vielleicht nicht zuletzt deshalb, weil sie erlebt, daß Teds Lyrik in zunehmendem Maße mehr Anerkennung findet als ihre Gedichte. Immer öfter wird sie wieder nur als Teds Ehefrau und als Mutter seines Kindes wahrgenommen.
Die folgende Szene, die von A. Alvarez überliefert wird, ist in diesem Zusammenhang bezeichnend:

»Während sie das Baby anzog, ging Ted die Treppe hinunter, um den Kinderwagen fertigzumachen. Ich blieb noch einen Augenblick und schloß den Reißverschluß am Mantel meines Sohnes. Sylvia wandte sich mir zu, ohne eine Spur von Überheblichkeit.
›Ich bin so froh darüber, daß Sie das Gedicht genommen haben‹, sagte sie, ›es ist eines meiner liebsten, schien aber niemandem sonst zu gefallen.‹
Ich war völlig verdutzt, wußte nicht, worüber sie sprach. Sie bemerkte es und kam mir zu Hilfe.
›Das Gedicht, das Sie vor einem Jahr im *Observer* gebracht haben. Über die Fabrik zur Nachtzeit.‹

›Um Himmels willen, Sylvia Plath.‹ Nun war es an mir, mich in Übertreibungen zu retten. ›Entschuldigen Sie meine Begriffsstutzigkeit. Es war ein entzückendes Gedicht.‹
Entzückend war zwar nicht das zutreffende Wort, aber was sonst soll man einer wackeren jungen Hausfrau (!) gegenüber sagen.«[5]

Gerade diese Szene beweist, daß Sylvias Ängste, in Teds Schatten nicht mehr wahrgenommen zu werden, alles andere als unberechtigt sind.
Wieder ergibt sich eine Situation, die sie stark belastet, ohne daß jemand da ist, mit dem sie sich darüber aussprechen könnte:
Sie würde gern dafür sorgen, daß Ted, ohne einen Job annehmen zu müssen, nur noch schreiben könnte. Das ist nur möglich, wenn Ted sich bereit erklären würde, das Baby zu hüten. Andererseits muß sie sich sagen, daß ein Halbtagsjob die Zeit, die ihr zum Schreiben bleibt, noch weiter einschränken würde.
Die Situation empfindet sie um so bedrängender, da sie ja den Ehrgeiz hat, alle drei Rollen – die der Mutter, der Hausfrau und der Autorin – perfekt auszufüllen.
Im Oktober 1960 erscheint ihr Gedichtband *The Colossus.*
Das Erscheinen des Buches bedeutet für Sylvia eine große Genugtuung. Allerdings gewinnt der Band keinen Literaturpreis, und es findet sich zunächst auch kein amerikanischer Verlag, der es in sein Programm übernehmen will. Somit kann sie sich ausrechnen, daß sie damit kaum sehr viel Honorar verdienen wird, so gut sie es auch gebrauchen könnte.
Wieviel schwerer hat sie es immer wieder im Vergleich zu Ted!
Wichtig ist eine Besprechung, die A. Alvarez für die große Wochenzeitschrift *Observer* schreibt. Er lobt ihre Gedichte, macht jedoch den Vorbehalt, sie habe noch keinen durchgehaltenen, unverkennbar eigenen Sprechstil in ihrer Lyrik gefunden.

Im Dezember ist Sylvia Plath wieder schwanger. Sie klagt über Bauchschmerzen. Die Ärzte diagnostizieren eine Blinddarmentzündung.
Ihre Konflikte mit Ted mehren sich. Sie wirft ihm vor, er komme seinen Pflichten als Ernährer der Familie nicht nach, vertraue

leichtsinnig in viel zu starkem Maße auf die ungewissen Einkünfte aus seiner literarischen Arbeit.
Gegenüber Außenstehenden aber, gegenüber der Mutter und den Freundinnen in den USA, wird Ehemann Ted geradezu überschwenglich gepriesen und verherrlicht.
Im Februar 1961 hat Sylvia eine Fehlgeburt. Ende des Monats geht sie ins Krankenhaus, um sich einer Blinddarmoperation zu unterziehen. Zumindest das erste der beiden Ereignisse scheint in Zusammenhang mit einem heftigen Streit mit Ted zu stehen.
Ted hat eine Sendung und ein Interview in der BBC gehabt. Die zuständige Redakteurin hat vorher angerufen. Ihrer Stimme nach stellt Sylvia sie sich als eine junge und sehr attraktive Frau vor. Als Ted von dem Termin im Funkhaus viel später als erwartet heimkommt, findet er Sylvia in wilder Aufregung. In einem Anfall von Eifersucht hat sie seine Notizen und Entwürfe zu laufenden literarischen Arbeiten verbrannt.
Es ist dies ein Hinweis auf heftige Aggressionen, mit denen sie auf tatsächliche oder vermeintliche Verletzungen reagiert.
In zahlreichen Gedichten aus dieser Zeit verarbeitet Sylvia Plath Beobachtungen und Bilder von ihrem Krankenhausaufenthalt. Es sind Gedichte über Frauenschicksale, über das Verhältnis von Frauen zu ihren Kindern und ihren Familien. Unfruchtbarkeit wird in diesen Gedichten als ein schlimmes Übel dargestellt.
Eines der Gedichte, »In Plaster« (»In Gips«), zu dem das Schicksal einer Zimmergenossin die Anregung liefert, spiegelt einen bei ihr offenbar durchgehend vorhandenen eigenen Konflikt:

> Da komm ich niemals heraus! Es gibt zwei von mir jetzt:
> Diese absolut neue weiße Person und eine alte gelbe . . .[6]

Die weiße Person, so stellt die Person, die in diesem Gedicht spricht, fest, ist die überlegene. »Sie ist eine der wirklichen Heiligen.«
Zuerst mag die alte gelbe Person die neue weiße nicht. Sie hält sie für kalt, »sie hat keine Persönlichkeit«, sie nimmt Strafen hin, ohne zu klagen, »man konnte sofort sehen, sie hatte eine Sklavenmentalität«. Aber der älteren gelben Person wird klar, daß die

weiße Person ob ihres sichtbaren und heiligenhaften Selbst von ihr geliebt werden muß. Sie beginnt diese Situation auszunutzen. Sie erlaubt der weißen Heiligen, auf sie zu warten, läßt sie ihre Ordentlichkeit, Ruhe und Geduld auf ihr Wesen übertragen, und die Heilige genießt es, so benutzt zu werden. Mit der Zeit wird diese Beziehung immer intensiver.
Es kommt aber auch zwischen den beiden Ichs zu einem geradezu mörderischen Konflikt:
»Mit ihr zu leben war, als ob ich mit meinem eigenen Sarg lebte./ Doch immer noch war ich von ihr abhängig, wenn auch mit Bedauern.«[7]
Die »alte gelbe Person« muß sich von der Vorstellung trennen, daß es mit dem anderen Ich zu einer ausgeglichenen Symbiose kommen könne. Selbst dann ist das nicht möglich, wenn ihr Verhältnis zueinander einer Art Ehe gleichkommt.
»Nun sehe ich, eine von uns beiden muß es sein ... Sie mag eine Heilige sein, und ich häßlich und widerwärtig / aber sie wird bald merken, daß dies keine Rolle spielt./ Ich sammle meine Stärke; eines Tages werde ich ohne sie auskommen / und sie wird unter der Leere leiden und wird beginnen, mich zu vermissen.«[8]
Der Kampf zwischen den zwei Ich – das ist der Kampf um Überleben und Tod, der in Sylvia Plaths Psyche tobt.
Es ist tragisch, daß sie selbst ihren Konflikt und die Verletzungen, aus denen er herrührt, sehr wohl versteht, ohne ihn deswegen überwinden und auflösen zu können.
Worte für das zu finden, was da in ihrer Seele geschieht, das Drama in Bildern und mit widerstreitenden »Spielfiguren« vorzuführen – genau dies macht ihre Gedichte so eindrucksvoll. So entstehen Wortkunstwerke, die uns heute noch in ihrer Intensität in Erstaunen versetzen. Aber die Worte führen nicht zur Heilung des Konfliktes, sondern nehmen nur die Katastrophe des selbstzerstörerischen Endes vorweg.
Wieder daheim aus dem Krankenhaus, erwarten Sylvia zwei gute Nachrichten. Nun hat auch ein großer Verlag in den USA *The Colossus* zur Veröffentlichung angenommen. Allerdings mit der Auflage, daß der Band um zehn Prozent seines Umfangs gekürzt wird. Mindestens ebenso ehrenvoll und mit einer gewissen materiellen

Hilfe verbunden ist der sogenannte »Lesevertrag«, den ihr die Zeitschrift *New Yorker* anbietet. Die Autorin gibt der Redaktion das Recht, alle bei ihr entstehenden Gedichte zu lesen und sich jene, die ihr gefallen, für den Erstabdruck zu sichern. Als Äquivalent bietet die Zeitschrift ihr eine gewisse regelmäßige Zahlung.
Es sind wohl diese beiden Erfolgserlebnisse, die Sylvia Plath den Mut geben, nun einen autobiographischen Roman zu versuchen.
Das Thema ist, kaum verschlüsselt, der Lebensabschnitt vor, während und nach ihrem Selbstmordversuch im Sommer 1953. Die Handlung schildert den Weg zu dieser schweren Krise und die Zeit in der Nervenklinik bis zur Entlassung.
Eine der Biographinnen von Sylvia Plath, Linda W. Wagner-Martin, schreibt zu der Fabel dieser Geschichte:

»Plath wollte mehr schreiben als autobiographische Prosa. Sie wollte in diesem Roman über das Leben der zahllosen Frauen sprechen, die sie gekannt hatte – Frauen, gefangen in Konflikten, heraufbeschworen durch die Notwendigkeit zur Anpassung an die sozialen Verhaltensregeln, Frauen, die über ihren Zustand lachen können.«[9]

Sie kennzeichnet den Tonfall, in dem erzählt wird, als eine Mischung aus »trockener und komischer Untertreibung« und weist als Vorbilder auf die amerikanischen Erzähler Philip Roth und J. D. Salinger hin.
Bis in die sechziger Jahre hinein ist die amerikanische Literatur nicht reich an Heldinnen in ihren Romanen gewesen. Zudem waren die wenigsten davon weiblicher Einbildungskraft entsprungen.
Es gibt Dreisers *Sister Carry,* es gibt die Mädchen und jungen Frauen im Romanwerk William Faulkners. Es gibt bei Ernest Hemingway das Porträt einer selbstbewußt die gesellschaftlichen Normen mißachtenden Frau in *Fiesta* – Bret Ashley. Carson Mc Cullers wäre als Autorin mit ihrem Roman *Frankie* zu nennen, die in Deutschland kaum bekannte Kate Chopin mit *The Awakening.*
Aussagen über intime Seelenzustände einer Frau in Amerika, von einer Frau geschrieben, finden sich vielleicht noch am ehesten in den Gedichten von Emily Dickinson.

Was fehlt, bis zu dem Roman *Die Glasglocke,* sind überzeugende weibliche Gegenstücke zu all jenen nichtangepaßten, komplizierten und psychisch bedrohten Außenseitern, wie sie Huck Finn, der Große Gatsby oder Holden, der jugendliche Held von *Fänger im Roggen,* darstellen.

Dieser Roman, der da entsteht, ist später in Amerika für eine Generation von Frauen zu einem Kultbuch geworden, und dies eben nicht nur, weil er die ungelösten, vielleicht sogar unlösbaren Konflikte so vieler Frauen Ende der fünfziger und Anfang der sechziger Jahre darstellt:

Wie kann ein ordentliches Mädchen gleichzeitig eine hervorragende Studentin und eine modebewußte, Männer anlockende junge Frau sein?

Wie kann sie die Forderung, unberührt in die Ehe zu gehen, mit ihren intensiven sexuellen Wünschen in Übereinstimmung bringen?

Wie geht das zusammen: Eine Frau will eine Dichterin werden, aber gleichzeitig eine gute Mutter?

Dies wäre gewissermaßen der sozialpsychologische Aspekt des Buches. Es stellt aber auch, wie es in einer Besprechung im *Times Literary Supplement* heißt, eine Kunstwelt dar, in der wir leben können, ein literarisches Kunstwerk von hoher Suggestionskraft und großer Lebendigkeit, so daß wir lesend den Kunst-Charakter des Textes vergessen.

Es gibt im Englischen einen Kindervers, der übersetzt etwa lautet: »Humpty Dumpty saß auf einer Mauer./Humpty Dumpty tat einen großen Fall./Und alle Pferde und Leute des Königs/konnten Humpty Dumpty nicht wieder zusammensetzen.«

Die Glasglocke ist auch eine Geschichte, in der erzählt wird, warum und wie eine junge Frau an den oben aufgezählten Widersprüchen zerbricht.

Als die Katastrophe geschehen ist, wird alles getan, um Humpty Dumpty wieder zusammenzusetzen, und zwar nach dem Bild, das die Gesellschaft von einer tüchtigen, hübschen und wohlfunktionierenden jungen Frau hat.

Die besondere Tücke und Grausamkeit des Vorgangs liegt darin, daß man sie selbst gar nicht fragt, ob sie diesem Bild entsprechen will oder entsprechen kann.

Die Niederschrift des Romans geht unter schwierigen äußeren Umständen vonstatten, wenngleich sie für Sylvia Plath auch eine befreiende Wirkung gehabt haben mag.
Jeden Morgen geht sie für drei oder vier Stunden zu Bekannten und schreibt dort, während Ted oder Freunde auf das Kind aufpassen.
Es ist verständlich, daß unter diesen Umständen der Wunsch, ein eigenes Haus zu haben, bei Ted und ihr immer dringlicher wird. In einem eigenen Haus ließen sich Schreiben und Kinderfürsorge vielleicht besser miteinander in Einklang bringen. Sylvia träumt von einem Arbeitszimmer im ersten Stock oder unter dem Dach, während im Stockwerk darunter die Kinder im Kinderzimmer von einem Babysitter beaufsichtigt werden.
Im Juni 1961 kauft das Ehepaar von dem Geld, das Ted im zurückliegenden Jahr mit Rundfunksendungen verdient hat, zunächst einen Kombiwagen und macht sich so motorisiert in der Umgebung von London auf die Suche nach einem geeigneten Anwesen auf dem Land.

Auf dem Land

Im Sommer 1961 finden Sylvia und Ted in Devon ein Haus auf dem Land, das ihnen gefällt und das für sie erschwinglich ist. Es heißt Court Green und ist ein altes Gebäude mit zehn Zimmern, einem Weinkeller und einem Bodenraum. Außerdem gehören zu dem Anwesen ein *cottage* für Angestellte und ein Stall. Hinter dem Haupthaus liegt ein wilder Garten mit siebzig Apfel- und Kirschbäumen und vielen Johannisbeerbüschen. Der mit Kopfstein gepflasterte Hof grenzt an den Kirchhof.

Um Court Green zu kaufen, opfern Sylvia und Ted all ihre Ersparnisse für Notzeiten. Allerdings hätten die allein nicht ausgereicht. Fast 6000 Dollar kommen von Sylvias Mutter, die ihnen darüber hinaus noch ein Darlehen von 1400 Dollar gibt. Einen Betrag in gleicher Höhe steuert Teds Mutter bei.

Sylvia genießt das Landleben. Im Haus ist genug Platz für ihre kleine Tochter und das zweite Kind, das sie erwartet. Draußen gibt es Bäume, Blumen, einen Garten. Bis zum Zentrum des Dorfes ist es nicht weit. Vom Haus geht der Blick über Felder und Wiesen hin, auf denen struppige Schafe weiden.

Als Sylvias Bruder Warren zu Besuch kommt, unternimmt das Ehepaar mit ihm Ausflüge an die Küste, in malerische Gasthäuser der Umgebung. Man fährt auch gemeinsam zum Blaubeerensammeln.

Zweimal in der Woche kommt eine Zugehfrau. Sylvia und Ted haben sich verschiedene Zeiten des Tages zum Schreiben reserviert. Es gelingt Ted, Aufträge für das BBC-Programm in Plymouth zu bekommen. Immer noch entstehen bei Sylvia Gedichte nach einer Themenliste, die Ted für sie aufgestellt hat.

Bietet Court Green die Annehmlichkeiten eines Lebens auf dem Lande, so kann man, wenn man einen sehr zeitigen Zug nimmt, gegen zehn Uhr vormittags schon in der Londoner City sein.

Sylvia fährt selten nach London, eigentlich immer nur dann, wenn sie ihren literarischen Agenten besuchen muß oder um sich ein Theaterstück anzusehen.

Anfang November erhält sie das Saxton-Stipendium in Höhe von 2000 Pfund, um das sich Ted und sie schon mehrmals erfolglos be-

worben hatten. Es ermöglicht ihr, eine Aufsichtsperson für ihre Tochter zu bezahlen, während sie *Die Glasglocke* abschließt.
Im Winter kommen die Depressionen wieder. Ausgelöst werden sie nach Sylvias eigenen Angaben in ihren Briefen nicht zuletzt durch zwei Artikel in einer englischen Zeitschrift über amerikanische Außenpolitik, die dort als eine unheilige Allianz von Großindustrie und Militär geschildert wird.
»Und dann noch«, heißt es in einem der Briefe an die Mutter, »die widerwärtige Atombunker-Manie, alles in einem Maße faktisch, belegt und wahr, daß ich einfach nächtelang nicht mehr schlafen konnte angesichts des ganzen Kriegsgeschreis in den Zeitungen. Da steht zum Beispiel, daß Kennedy gesagt hat, Chruschtschow würde ›keinen Platz finden, an dem er sich verstecken kann‹, und daß die Lehrbücher des Heeres die Soldaten über den ›unvermeidlichen‹ Krieg mit unserem ›unerbittlichen Widersacher‹ indoktrinieren ... Ich begann mich zu fragen, ob es überhaupt noch einen Sinn hat zu versuchen, in einer so wahnsinnigen, selbstzerstörerischen Welt Kinder aufzuziehen.«[1]
Auch die Art und Weise, wie gerade in Deutschland die in einem »Kreuzzug« bekämpften Feinde von gestern zu brauchbaren Bundesgenossen von heute werden, ruft bei ihr Zorn und Empörung hervor:
»Ich bin auch entsetzt darüber, daß die Vereinigten Staaten Raketen (ohne Sprengköpfe) an Deutschland verkaufen, ehemaligen deutschen Offizieren Orden verleihen.«[2] Sie wünscht sich, man könnte all diese »destruktiven Leute auf den Mond schicken«.[3]

Ihr zweites Kind, ein Junge, Nicholas Farrar, kommt in einer dramatisch verlaufenden Entbindung am 17. Januar 1962 zur Welt.
Wieder ist sie zur Geburt daheim geblieben. Diesmal scheint sie mit den Nachwirkungen besser fertig geworden zu sein. Sie hat gewußt, was auf sie zukommt, empfindet nicht mehr eine so große Müdigkeit in den Wochen danach wie beim ersten Kind. Allerdings bekommt sie zehn Tage nach der Entbindung einen schweren Anfall von Milchfieber.
Das auf diese Erkrankung Bezug nehmende Gedicht ist unter anderem eine angstvolle Erinnerung an den Tod der berühmten Tän-

zerin Isadora Duncan. Wie ein drohender Schatten vorhergeahnter Gefahren wirken die beiden Verse:

Teuflischer Leopard!
Die Strahlung hat es weiß
Gemacht und umgebracht in einer Stunde.

Sie fettet die Leiber der Ehebrecher ein
Wie Hiroshima-Asche und frißt sich in Haut und Rinde.
Die Sünde. Die Sünde.[4]

Man kann an diesen Zeilen gut erkennen, wie sich in der poetischen Vorstellungskraft Sylvia Plaths Assoziationen ihrer privaten Welt mit denen der »Öffentlichkeit«, der Natur und der Politik, überblenden.

Dieses Frühjahr, in dem Sylvia unter anderem intensiv Anteil am Sterben eines alten Mannes in ihrer Nachbarschaft nimmt, ein Vorgang, der in zahlreichen ihrer Gedichte Spuren hinterläßt, bringt eine zunehmende Entfremdung von Ted.

Da sie es ist, die seine Manuskripte abtippt, entgeht ihr nicht, daß sich in diesen ein bestimmtes Handlungsmuster wiederholt: Ein Mann wird gejagt und in die Enge getrieben von einer Frau.

In diesen Monaten mehren sich die Vorzeichen zu einer Katastrophe.

Da ist in ihrem Bekanntenkreis eine attraktive, schon zum drittenmal verheiratete Frau, die damit prahlt, sie werde Ted demnächst verführen. Immer häufiger auch entflieht Ted nach London, ohne zu erklären, was er dort tut.

Ein Schlüsselgedicht für die Eheprobleme ist Sylvias »The Rabbit Catcher« (»Der Kaninchenfänger«).[5] Darin, aber auch in anderen Gedichten aus dieser Zeit finden sich genügend direkte Hinweise, um die Krise rekonstruieren zu können.

Da ist eine junge Frau, die von einem idealen Ehemann geträumt hat, von einer Beziehung, in deren Schutz sie aus ihrer Verstörtheit zu sich selbst finden kann. Dann muß sie einsehen, daß im Laufe der Zeit ihr Ehemann immer genauer ihr Leben kontrolliert. Gleichzeitig beklagt sich ebendieser Ehemann, er werde durch die

Bindung an seine Frau um die für seine Entwicklung notwendigen Erfahrungen gebracht. Das Ideal einer guten, intakten Ehe entwickelt sich unter seinen Händen zu einem Instrument, zu einer Schlinge, mit der er seine Kaninchen fängt – sprich: andere Frauen. Am Ende wird die Ehefrau so selbst zum Opfer.

Im Juni 1962 kommt Sylvia Plaths Mutter zum drittenmal nach England zu Besuch. Auf einer Fahrt in die benachbarte Stadt Exeter erzählt Sylvia der Mutter, wie glücklich sie doch mit Ted und den beiden Kindern hier auf dem Land jetzt sei.

Man kann davon ausgehen, daß Sylvia ihrer Mutter gegenüber starke Schuldgefühle empfunden hat. Hat nicht Aurelia alle Opfer – einschließlich beträchtlicher finanzieller Zuwendungen – gebracht, um das Glück ihrer Tochter zu gewährleisten?

Bald aber kann Sylvia auch vor ihrer Mutter nicht mehr verbergen, daß ihre Ehe mit Ted gescheitert ist.

Am Abend des 9. Juli nimmt Sylvia ein Telefongespräch entgegen, das für Ted bestimmt ist. Zwar ruft sie ihn an den Apparat, reißt aber darauf wütend den gesamten Telefonanschluß aus der Wand. Sie nimmt ihren Sohn auf, trägt ihn ins Auto und fährt dann zu einer befreundeten Familie, die über fünfundzwanzig Meilen entfernt wohnt. Ihre Mutter bleibt mit Frieda in Court Green zurück.

Sylvia übernachtet im Wohnzimmer der Bekannten. Als sie am nächsten Tag wieder nach Court Green kommt, entfacht sie im Garten ein großes Feuer. In die Flammen wirft sie zahlreiche Briefe Teds, Manuskriptentwürfe ihres Ehemanns und die bis dahin fertiggestellten Teile ihres eigenen zweiten Romans, der die Geschichte ihrer Begegnung und Liebe zu Ted erzählt und der ihm gewidmet ist.

Ihrer Mutter gelingt es nicht, sie von diesem wütenden Tun zurückzuhalten. Sie hat alle Mühe zu verhindern, daß Frieda merkt, was sich da abspielt.

Am Tag nach der Verbrennungsaktion verläßt Aurelia das Haus ihrer Tochter und zieht vorläufig zu Bekannten im Dorf. Sie findet, Sylvia und Ted müßten Gelegenheit haben, mit sich ins reine zu kommen. Immerhin erlebt sie noch, daß ihre Tochter und ihr Schwiegersohn gemeinsam zu einem Kunst-Festival nach Wales reisen. Doch als sie Anfang August Devon verläßt, bezeugen die versteinerten Gesichter des Paares, daß die Krise alles andere als überwunden ist.

Der Besuch von Sylvias Wohltäterin, Mrs. Prouty, kurze Zeit später führt abermals zu einer peinlichen Situation, da Sylvia wohl verhindern möchte, daß ihre Gönnerin Zeugin der Spannungen zwischen ihr und Ted wird. Mrs. Prouty lädt die beiden nach London zum Essen ein und kommt auch hinaus nach Court Green zu Besuch.

Sylvia scheint immer noch auf eine Aussöhnung mit Ted gehofft zu haben. Aber nun werden bei ihm die Reisen, über deren Ziel er jegliche Auskunft verweigert, immer mehr zur Gewohnheit.

Ein gewisses Gespaltensein Sylvias ist auch in ihrem Ehekonflikt nicht zu übersehen. Während sie nach außen an der Version festzuhalten bemüht ist, es gäbe gar keine Schwierigkeiten, hat sie Rachephantasien. Sie liest in dieser Zeit Euripides' *Medea* in einer englischen Übersetzung und identifiziert sich mit dem Schicksal und der Handlungsweise dieser Gestalt aus dem griechischen Mythos. Wie Medea möchte sie sich an dem Mann, den sie einst so sehr geliebt und für den sie so große Opfer gebracht hat, blindwütig rächen.

Die Tatsache, daß inzwischen ihr erster Roman vom Verlag Heinemann angenommen worden ist, hat ihr Selbstvertrauen gestärkt und läßt in ihr die Hoffnung aufkommen, daß sie unter Umständen mit literarischen und journalistischen Arbeiten sich und ihre Kinder wird über Wasser halten können.

Auch daß sie um diese Zeit zusammen mit einer Freundin zu reiten beginnt, deutet auf eine gewachsene Unabhängigkeit und auf ein gestärktes Selbstwertgefühl hin.

Wir wissen über die letzte Phase der Ehe mit Ted Hughes zuwenig, um mehr als Vermutungen äußern zu können. Aber es könnte sein, daß unter Umständen gerade Sylvias sich zunehmend entwikkelnde innere Selbständigkeit die Krise verschärft hat beziehungsweise den Konflikt zum Ausbruch kommen ließ.

Der Autor A. Alvarez, der Sylvia und Ted näher über längere Zeit hin kannte, schreibt jedenfalls über den Eindruck, den Sylvia auf ihn nach Nicholas' Geburt machte:

»Sie war nicht mehr ruhig und zurückhaltend hausfrauliches Anhängsel eines dominierenden Ehemanns. Sie wirkte gefestigt und ausgefüllt, schien ihre weibliche Selbständigkeit wiedergewonnen zu haben.«[6]

Trotz unsicherer Quellenlage (Ted Hughes hat zu den Problemen in der Ehe mit Sylvia Plath bisher beharrlich geschwiegen, was freilich sein gutes Recht ist) läßt sich doch folgende Hypothese aufstellen: Sylvias Ehe mit Ted Hughes war von Anfang an durch ihr illusionäres Bild von dem Mann, den sie als Partner wählte, gefährdet. Sie zerbricht in dem Augenblick, da ihre Selbständigkeit zunimmt, sich ihre beruflichen Erfolge mehren. Konnte Ted Hughes (und können mit ihm viele Männer, auch solche mit künstlerischen Berufen) eine selbständige, erfolgreiche Frau nicht ertragen?

Den Kopf in den Gasofen stecken

Bis zum Herbst 1962 hat sich das Verhältnis der Ehepartner immer weiter verschlechtert. Ted scheint entschlossen, seine eigenen Wege zu gehen.

Wenn man Sylvias Briefe und Tagebucheintragungen liest, gewinnt man den Eindruck, daß die Auflösung der Ehe einen sehr schweren Schritt darstellt, gleichbedeutend mit dem Scheitern eines wichtigen, wenn nicht des wichtigsten Moments in ihrem Lebensplan.

Bei ihrem Zögern und ihren Versuchen einzulenken dürften zwei Motive eine Rolle gespielt haben. Einmal ist sie selbst von der Sinnhaftigkeit einer Ehe überzeugt, zum anderen scheut sie aber gewiß auch das Urteil derer, die an die Ehe als gesellschaftliche Norm glauben. Einmal mehr schlägt da jene Haltung durch, die sich bei ihr in der Collegezeit so deutlich beobachten läßt. Noch immer ist sie wie damals entschlossen, kein »schlechtes Mädchen« zu sein.

Im September 1962 hat sie einen Autounfall, den man, gemäß den im Gedicht »Madame Lazarus« gemachten Andeutungen, als einen weiteren Selbstmordversuch deuten muß:

> Ich habe es wieder gekonnt.
> Einmal jedes Jahrzehnt
> Bring ich es fertig –
> . . .
> Ich bin erst dreißig.
> Und wie die Katze kann ich neunmal sterben,
> bevor es vorbei ist . . .[1]

Der Zeile »Ich habe es wieder gekonnt« sollten wir besondere Aufmerksamkeit schenken. Können – und Worte sind bei einer Dichterin nicht nur so hingesagt, sondern mit Bedacht und geprüft hingesetzt – bezeichnet ein positiv verstandenes Tun, etwas, dessen man mächtig ist. Während man in den Briefen nach ihrem ersten Selbstmordversuch liest, wie schwer es ihr damals fiel, ihren Lebenswillen zu überlisten, schwingt in dieser Zeile Stolz und ein gewisses Machtbewußtsein mit. Auf jeden Fall spiegelt sich in ihr eine Versuchung durch den Tod, wie sie sie auch schon als kleines Kind erlebt zu haben scheint. Erinnern wir uns an die schon weiter vorn wiedergegebene Episode, die in dem autobiographischen Text »Ocean 1212-W« geschildert wird. Damals war es die Verlokkung, im Wasser aufzugehen:

»Ich kroch direkt auf die ankommende Welle zu und hatte eben die grüne Wand durchbrochen, als sie (die Mutter) mich an den Fersen festhielt. Ich habe mich oft gefragt, was geschehen wäre, wenn es mir gelungen wäre, den Spiegel zu durchdringen. Hätten meine Säuglingskiemen das Salz in mein Blut aufgenommen?«[2]

In diesem Herbst kommt Ted nur noch selten nach Court Green. Bei einem seiner Besuche verständigen Sylvia und er sich darauf, mit den Kindern zu Bekannten in den Westen von Irland zu reisen. Sie wollen sich dort unter anderem mit Freunden aus Amerika treffen und jenen Turm besuchen, den der Dichter William Butler Yeats sich als Wohngebäude hatte umbauen lassen.

Auf dieser Reise streiten sie sich wieder heftig, und Ted kehrt unter dem Vorwand, er habe etwas in London zu erledigen, vorzeitig nach England zurück. Als Sylvia wieder nach Court Green kommt, findet sie dort ein Telegramm von ihm vor, in dem er ihr mitteilt, er werde erst in einigen Tagen wieder aufs Land kommen.

Sylvia entschließt sich, nun eine gerichtliche Trennung von Ted zu beantragen. In einem Brief fragt sie ihre ehemalige Psychiaterin und Freundin Ruth Beuscher um Rat. Diese versichert ihr ihre Zuneigung und verspricht, ihr in der schwierigen Situation beizustehen. Sie rät ihr, nun entschieden ihr Leben selbst in die Hand zu nehmen.

Immer noch schreckt Sylvia vor einer Scheidung zurück, die Ruth Beuscher ihr als unabänderlich hinstellt.

Immer noch weiß sie nicht, wo Ted sich in London aufhält, mit wem er zusammenlebt. Als sie sich mit einem Anwalt berät, hört sie, daß ihr eigentlich nichts anderes übrigbleibt, als Ted zu einer außergerichtlichen Lösung in puncto Unterhaltspflicht zu bewegen.

Am 26. September berichtet sie an ihre Mutter:

»Die Gesetze sind natürlich fürchterlich: Einer Frau steht ein Drittel des Einkommens ihres Mannes zu, und wenn er nicht sofort bezahlt, muß sie das Geld einklagen, was langwierig und teuer ist. Falls die Frau etwas verdient, wird ihr Einkommen zu seinem dazugerechnet, und letzten Endes zahlt sie für alles. Keinen Pfennig zu haben und vor tauben Ohren um Geld flehen zu müssen ist eine Demütigung, die man nicht erträgt . . . Ich werde bestraft, wenn ich etwas verdiene, oder muß betteln, falls ich nichts verdiene. Da ist mir ersteres lieber . . .«[3]

Es sind nicht zuletzt materielle Erwägungen, die sie den Plan fassen lassen, das Anwesen in Devon zu verkaufen und nach London zu ziehen, wo es ihr eher möglich scheint, mit Schreiben den Lebensunterhalt für sich und die Kinder zu verdienen.

Sie leidet zu dieser Zeit wieder unter Schlaflosigkeit und ißt wenig. Eine Freundin rät ihr, nachts, wenn sie keinen Schlaf findet, zu schreiben.

Sie beginnt einen neuen Roman. Außerdem entstehen in diesen Monaten die meisten jener Gedichte, die später in dem Band *Ariel* zusammengefaßt werden.

Im Grunde genommen sind diese Gedichte ein verzweifelter Versuch, der Tatsache ihrer gescheiterten Ehe ins Auge zu sehen. Es sind Gedichte der Anklage gegen eine Welt der Väter und Ehemänner. Es sind Gedichte, in denen sich ihre Aggressionen in bestürzende, von Haß getränkte Bilder umsetzen, in denen Verhältnisse und Zustände dargestellt werden, die, vordergründig betrachtet, unrichtig und verzerrt erscheinen, aber eben die innere Wirklichkeit der Autorin genau wiedergeben. So, wenn sie in dem Gedicht »Papi« schreibt:

> Meine Angst vor dir war stets absolut:
> Dein Schnurrbart, und was deine Luftwaffe tut,
> Und deine Rednergesten,
> Und dein arisches Auge voll blauer Glut,
> Panzermann, Panzermann, Tunichtgut![4]

Das ist das Bild des Vaters, der mit Bomben werfenden Fliegern, Panzersoldaten und KZ-Mördern gleichgesetzt wird. Aber von demselben Vater heißt es auch – und wiederum offenbar mit Erinnerung an das Erlebnis der See als des zum Sterben verlockenden Mediums:

Und ein Kopf im unsteten Atlantik;
Bohnengrün wogt ins Blau ohne Ruh
In den Wassern vor dem schönen Nauset.–
Ich betete um deine Wiederkehr immerzu.
Ach, du.[5]

Aber durch solche Ängste und den Haß sich hindurchkämpfend, erreicht sie ein neues Selbstbewußtsein. Jetzt sieht sie sich als Löwin, als Medea, als phönixartiges Wesen. An Stelle der Bilder von Rache treten Bilder der Wiedergeburt, und letztlich ist ja auch das Titelgedicht eine Beschwörung von Freiheit, Selbständigkeit, Poesie und Zauber! Denn Ariel ist ursprünglich der Name für eine Gestalt aus Shakespeares Stück *Der Sturm,* dann aber auch der Name jenes Hengstes, den Sylvia in Devon ritt.
Es hieße eine romantische Mythe bestätigen, wollte man behaupten, daß Sylvias früher Tod der Preis für ihre Kunst gewesen sei. Im Gegenteil läßt sich behaupten, daß ihr Schreiben und ihre Lyrik vielleicht die einzigen Möglichkeiten gewesen sind, Aggressionen nicht zerstörerisch gegen sich selbst zu richten, sondern sie zu überwinden, indem sie sie aus sich herausstellte.

Unterdessen ist Ted endgültig ausgezogen. Sylvia erkrankt an Grippe. Sie schreibt hilfesuchende Briefe an ihre Mutter, will aber auf keinen Fall nach Amerika zurückkehren. Ihren Freundinnen fällt ein starkes Bedürfnis auf, zu reden, zu erzählen.
In einem Interview der BBC über die Situation der Lyrik bezeichnet sie sich ausdrücklich als amerikanische Dichterin. Sie lobt die zeitgenössische Lyrik der USA wegen ihrer Unmittelbarkeit.
Sie definiert ihre Anforderungen an ein gutes Gedicht; es müsse, sagt sie, echten Gefühlen und inneren Erfahrungen entspringen, aber sich zugleich auch gegenüber den großen, das Zeitalter bestimmenden Ereignissen wie den KZ-Greueln und dem Atombombenabwurf in Japan offenhalten.
Weiter sagt sie in diesem Gespräch: »Ich bin eine ziemlich politisch orientierte Person.«[6]

Anfang November findet sie im Primrose-Hill-Viertel in London eine Wohnung im zweiten Stock eines Hauses, in dem früher einmal William Butler Yeats gewohnt hat.
Da es alleinstehende Frauen schwer haben, eine Wohnung zu mieten, muß sie Ted bitten, sie zum Makler zu begleiten. Nach einigen Schwierigkeiten – beide Stockwerke sind eigentlich schon einem anderen Mieter versprochen, der sich nun allein mit dem unteren zufriedengeben muß, da Ted und sie die Jahresmiete im voraus bezahlen können – gelingt es Sylvia, die Wohnung zu bekommen.
Um diese Zeit, da sie sich auf den Umzug vorbereitet, trifft sie unter den kürzlich entstandenen Gedichten eine endgültige Auswahl und legt den Titel der Buchausgabe fest. Ursprünglich sollte das Buch in doppelbödiger Anspielung auf Ted und die Frauen, um derentwillen er sie verlassen hat, »The Rival« (Der Rivale – die Rivalin) heißen.
Jetzt wählt sie einen Titel, der sich mit dem Triumph über ein ungebärdiges männliches Pferd verbindet, aber auch die befreiende Macht der Phantasie ausdrücken soll: *Ariel.*

In London beginnt sie sich in ihrer neuen Wohnung einzurichten. Diese liegt nicht weit von jener Wohnung entfernt, in der das Familienleben mit Ted nach der Rückkehr aus den USA begonnen hatte.
Sylvia ist, trotz schlechter Gesundheit, voller Tatendrang und schreibt wieder einmal an ihre Mutter:
»In meinem ganzen Leben war ich noch nicht so glücklich.«[7]
Bedenklich sind die immer wieder auftretenden Anfälle von Grippe.
Sylvia hat Erfolg. A. Alvarez, der ihren ersten Gedichtband im *Observer* noch unter dem Tenor eines Versprechens vorgestellt hat, findet, für ihre neuen Gedichte habe sie den Pulitzerpreis verdient. Er wird ihr postum, 1982, verliehen werden.
Radio Oslo will das Hörspiel *Drei Frauen* übernehmen. Hingegen lehnt ein amerikanischer Verlag *Die Glasglocke* ab. Die Lektorin findet die Erzählhaltung der studentischen Heldin angesichts eines so schwerwiegenden Themas nicht ernsthaft genug. Die leise Ironie der Ich-Erzählerin scheint ihr mißfallen zu haben.

Die englische Ausgabe erscheint Mitte Januar 1963, allerdings unter dem Pseudonym Victoria Lucas. In den ersten Besprechungen, die erscheinen, wird die Erzählstimme des Buches dann immerhin als ein weiblicher Holden Caulfield, Held von Salingers *Fänger im Roggen,* gerühmt. Salingers Roman ist zu jener Zeit ein Kultbuch, in dessen jugendlichem Helden sich eine ganze Generation mit ihren Empfindungen und Komplexen wiedererkennt.
Während der ersten Monate des Jahres 1963 versinkt London unter Massen von Schnee. Über die Lähmung einer modernen Großstadt durch einen Kälteeinbruch schreibt Sylvia Plath unter dem Titel »Snow Blitz« (»Schneeangriff«) einen ironischen Text, in dem sie sich als lebenstüchtige Frau gibt.
Der Text schließt mit Sätzen grimmigen Humors, die angesichts der folgenden Ereignisse einen ganz anderen Sinn gewinnen, als sie beim ersten Lesen signalisieren:

»Meine Kinder werden zu beherzten, unabhängigen und zähen Menschen heranwachsen, und in meinem von Schüttelfrösten begleiteten Alter werden sie sich durch die Schlangen kämpfen, um Kerzen herbeizuschaffen, während ich einen wasserlosen Tee braue – *das* wenigstens sollte die Zukunft bringen – auf einem einflammigen Gaskocher in der Ecke. Falls das Gas nicht auch wegbleibt.«[8]

Das Wetter fällt ihr auf die Nerven. Sie und die Kinder sind häufig krank. Frieda, die kleine Tochter, ist drei Stunden jeden Morgen im Kindergarten. In dieser Zeit schläft Nicholas, und Sylvia kann in Ruhe arbeiten.
Es gelingt ihr einfach nicht, ihre Grippe abzuschütteln. Ihr Arzt bestellt eine Schwester, die zur Hauspflege kommt. Auch eine Freundin vom Land reist an, um ihr beizustehen – vorübergehend.
In diesen Tagen unterzeichnet sie die Papiere, mit denen die Scheidung von Ted eingeleitet wird.
Aus den USA kommt ein Brief an Mrs. Ted Hughes, daß nun auch Harper & Row *Die Glasglocke* abgelehnt hat.
Anfang Februar hat sich Sylvia Plaths Gesundheitszustand immer noch nicht wesentlich gebessert.

Sie ist abgemagert. Ängste überkommen sie.
Wieder versinkt sie in eine Depression.
Schlafmittel haben keine Wirkung mehr.
Ihr Arzt möchte sie in ein Krankenhaus einweisen lassen.
Sie fürchtet, man könne sie dort wieder mit Elektroschocks behandeln.
Ihr Hausarzt beginnt eine Behandlung mit antidepressiven Psychopharmaka.
Am 10. Februar, einem Sonntag, sucht sie den Arzt noch einmal auf. Sie scheint jetzt auf die Medikamente anzusprechen.
Am Sonntag abend klingelt sie bei Professor Thomas, der in der Wohnung unter ihr wohnt, und bittet ihn, ihr mit Briefmarken auszuhelfen. Er gibt sie ihr und meint, bezahlen könne sie sie ihm ein andermal.
Sie sagt – und der Satz bleibt Thomas wohl wegen seiner Übertreibung so genau in Erinnerung: »Oh, ich muß Ihnen das Geld geben, ich könnte das sonst mit meinem Gewissen vor Gott nicht verantworten. Nicht wahr?«[9]
Der Nachbar findet, sie sähe besorgniserregend schlecht aus. Er fragt sie, ob er nicht besser einen Arzt für sie rufen solle.
Sie schüttelt den Kopf und geht.
Als Thomas eine Weile später vor die Tür schaut, findet er sie immer noch im Hausflur. Besorgt spricht er sie an und wiederholt noch einmal sein Angebot, einen Arzt zu rufen.
Wieder lehnt sie ab und erzählt ihm, sie stehe nur immer noch hier, weil sie eine wunderbare Vision gehabt habe.
Später hört er sie in der Wohnung oben unruhig auf und ab gehen.
Am Morgen des 11. Februar 1963 stellt Sylvia Plath zwei Tassen Milch neben die Betten der beiden noch schlafenden Kinder. Dann geht sie in die Küche, dichtet die Fugen der Küchentür ab, nimmt eine Überdosis Schlaftabletten, schreibt eine Notiz, man möge, wenn man sie finde, ihren Hausarzt rufen.
Darauf dreht sie das Gas im Herd auf und steckt den Kopf in die Backröhre.

Am Morgen dieses Tages kommt eine junge Australierin, die als Au-pair-Mädchen bei Sylvia arbeiten soll. Sie läutet an der Haus-

tür, klopft lange, erhält keine Antwort. Schließlich geht sie und sucht nach einer Telefonzelle, um sich bei der Vermittlung zu erkundigen, ob sie auch die richtige Adresse habe.
Die weiteren Vorgänge an diesem Vormittag haben sich nach dem Bericht, den A. Alvarez in seinem Buch *Der grausame Gott – eine Studie über den Selbstmord* gibt, so abgespielt:

»Sylvias Name stand neben keinem Klingelknopf. Unter normalen Umständen wäre der Bewohner des unteren Stockwerkes zu dieser Zeit aufgewesen; und selbst wenn er verschlafen hätte, mußte ihn das Klopfen des Mädchens geweckt haben. Doch der Zufall wollte es, daß der Mitbewohner so gut wie taub war und ohne Hörgerät schlief. Zudem lag sein Schlafzimmer direkt unter Sylvias Küche. Das Gas sickerte zu ihm hinab und betäubte ihn. Trotz allen Lärms schlief er deshalb immer weiter. Das junge Mädchen kehrte zurück und versuchte wieder Einlaß zu finden, aber vergebens. Sie telefonierte von neuem mit der Vermittlungsstelle und fragte, was sie tun solle; man wies sie an, wieder hinzugehen. Es war mittlerweile ungefähr elf Uhr. Diesmal hatte sie Glück: Bauhandwerker, die an einer eingefrorenen Leitung arbeiteten, waren gerade gekommen und ließen sie ein. Als sie an Sylvias Wohnungstür klopfte, erhielt sie keine Antwort. Der Gasgeruch war durchdringend. Die Handwerker brachen das Schloß auf und fanden Sylvia auf dem Küchenboden ausgestreckt. Sie war noch warm. Sie hatte einen Zettel hinterlassen: ›Bitte rufen Sie Dr. . . . an!‹ und seine Telefonnummer angegeben. Aber es war zu spät.«[10]

Es ist möglich, daß bewußt oder unbewußt A. Alvarez seine Darstellung dieses Morgens seiner These angepaßt hat, der zufolge Sylvia nicht sterben wollte, vielmehr der erneute Selbstmordversuch ein verzweifelter Schrei nach Hilfe gewesen sei, der nur durch das Zusammenwirken unglücklicher Zufälle ungehört verhallte beziehungsweise zu spät wahrgenommen wurde.
Seine psychologische Konstruktion: Es habe sich um einen letzten verzweifelten Versuch gehandelt, den Tod, den sie in ihren Gedichten so oft zitiert hatte, auszutreiben.

»Ich deutete bereits an, daß sie möglicherweise aus zwei Gründen anfing, zwanghaft über den Tod zu schreiben.
Erstens erlebte sie durch die Trennung von ihrem Mann den gleichen schneidenden Schmerz und Verlust wieder, den sie als Kind empfunden hatte, als ihr Vater starb und sie gewissermaßen im Stich ließ.
Zweitens glaubte sie wahrscheinlich, daß ihr Autounfall vom vergangenen Sommer sie freigebe: Sie hatte ihren Tribut entrichtet, sich als Überlebende ausgewiesen und konnte darüber schreiben . . .«[11]

Alvarez vermutet, daß Sylvia Plath ein für allemal mit dem Todesthema habe Schluß machen wollen. Das einzige Mittel, das sie gesehen habe, um zu diesem Ziel zu gelangen, sei gewesen, wie schon im Gedicht »Papi« angedeutet, »die gräßliche kleine Allegorie noch einmal auszuführen, ehe sie frei wird von ihr«.[12]
Alvarez kann für seine Vermutung, die Natur (Psyche) eines Künstlers ahme die Kunst nach, auch eines der letzten Gedichte Sylvia Plaths als Beleg in Anspruch nehmen. Es trägt den Titel »Rand«. Und beginnt mit den Zeilen:

Die Frau ist vollendet.
Ihr toter

Körper trägt das Lächeln des Erreichten.
Der Anschein einer griechischen Notwendigkeit

Fließt in den Schnörkeln ihrer Toga,
Ihre bloßen

Füße scheinen zu sagen: Wir kamen bis
Hierher, es ist vorbei.

Jedes tote Kind eingerollt, eine weiße Schlange,
Eines um jeden kleinen

Milchkrug, nun leer.[13]

In der Tat ist es unheimlich, wie dieses Gedicht das erst später Wirklichkeit gewordene Bild der beiden schlafenden Kinder mit den Tassen voller Milch vorwegnimmt. Andererseits muß auch darauf hingewiesen werden, daß im Gedicht die beiden Kinder als tot vorgestellt werden.
Bestimmt aber sind in diese Verse jene Phantasien eingegangen, die Sylvia Plath vor ihrem Selbstmord hatte.
Nachdem man sie in der Küche gefunden hat, wird der Arzt gerufen, die Polizei, ihr Ehemann. Eine Bekannte nimmt sich der Kinder an.
Am 12. Februar 1963 schickt Ted Sylvias Tante in den USA ein Telegramm mit dem Satz:
»Sylvia gestern gestorben.«[14]

Postum werden von ihrem Ehemann noch die *Letters home* (Briefe an ihre Familienangehörigen) und ihre Tagebücher veröffentlicht. Allerdings hat Ted Hughes jenes Heft mit den Aufzeichnungen, die seine Frau bis drei Tage vor ihrem Tod gemacht hat, vernichtet. »Ich zerstörte es, weil ich nicht wollte, daß ihre Kinder es lesen. In diesen Tagen erschien mir Vergessenwerden als ein wesentlicher Teil der Möglichkeit zu überleben«, gibt er im Vorwort der *Journals of Sylvia Plath* als Erklärung für seine Handlungsweise an.
Die *Journals,* aber auch viele ihrer Kurzgeschichten, können als ihre Autobiographie gelten.
1982, zwanzig Jahre nach ihrem Tod, erhielt sie für ihre *Gesammelten Gedichte* den vielleicht wichtigsten amerikanischen Literaturpreis, den »Pulitzer Prize for Poetry«.
Mitte Fünfzig wäre sie heute.

Woran zerbrach Sylvia Plath?

Jeder Selbstmord wirft Fragen auf.
Der Selbstmord eines Menschen versetzt dessen Mitmenschen in den Zustand von Schuld, Mitschuld oder Zweifel.
Wäre ihm zu helfen gewesen? Und wenn ja – wie?
Im Zusammenleben von Menschen scheint ein dichtes Netz ausgespannt, das den einzelnen in Krisensituationen, in denen er sich selbst nicht mehr zu helfen weiß, auffängt, indem andere für ihn eintreten und ihm zu helfen versuchen.
Auch im Hinblick auf unser eigenes Leben vertrauen wir auf dieses Netz. Es sollte tragfähig sein.
Nun aber hat es sich in einem bestimmten Fall als zerreißbar erwiesen.
Die Tatsache allein beunruhigt uns.
Wir beginnen darüber nachzudenken, ob wir durch Unachtsamkeit oder mangelnde Sensibilität dazu beitrugen.
Da ist ein Arzt, der sich noch einmal überlegt, ob seine Behandlungsmethode die richtige war.
Da ist ein Nachbar, der sich gefragt haben mag, ob er am Abend zuvor nicht doch besser einen Arzt hätte rufen sollen.
Da ist eine Mutter, die grübelt, ob nicht eine Reise zu der Tochter dieser geholfen hätte, die kritische Situation zu überwinden.
Da sind Freundinnen, die sich ähnliches gefragt haben mögen.
Da ist ihr Ehemann.
Da sind die Kinder, die irgendwann einmal auch Fragen stellen werden.
Wir können uns die möglichen Fragen jener, die der Toten nahestanden, vorstellen, ohne daß wir zu sagen vermöchten, wie sie diese für sich beantwortet haben, wie sie sie quälten, wie sie mit ihnen fertig geworden sind, oder ob sie vielleicht nie damit fertig werden. Auf diese Vorstellungen hinzuweisen ist dennoch notwendig, denn auch Sylvia Plath muß sich vor ihrem Tod gefragt haben: Was werden sie sagen?
Damit kehre ich zu Sylvia Plath selbst zurück. Ich mag mich mit der These eines Selbstmordes, der nicht ernst gemeint war und nur durch ein Zusammenwirken unglücklicher Umstände geschah,

nicht zufriedengeben. Ich stelle mir vor – und ein anderes Mittel intensiver Annäherung habe ich als Autor nicht – den Innenraum ihres Bewußtseins, das Kaleidoskop ihrer Ängste, Wünsche und Phantasien. Als ein Stück Trauerarbeit gebe ich als ihre Antwort meine Vorstellung.

Es dürfte im Laufe der Darstellung deutlich geworden sein, daß die Wurzeln jener Probleme, die Sylvia Plath schließlich nicht mehr ertragen kann, in zwei einschneidenden, verletzenden Ereignissen ihrer Kindheit liegen: in der Geburt des Bruders; im Tod des Vaters, der einerseits geliebt und als Autorität bewundert wird, gegen den aber wegen seines frühen Sterbens Haßgefühle, ausgelöst von Verlassensängsten, aufkommen.

Dabei muß dies besonders betont werden: Nicht nur, daß Sylvia ihren Vater gleichzeitig liebt und haßt, sie sehnt sich auch nach seiner Autorität und sieht sich später dennoch gezwungen, sich gegen diese Autorität aufzulehnen, als ihr klar wird, daß sie Teil jener Kräfte ist, die sie als menschenverachtend und todesträchtig erkannt hat.

Zu der erwünschten Auflehnung gegen den Vater kommt es aber gerade in Wirklichkeit nicht. Zu einer Zeit, da gewöhnlich ein solches Aufbegehren auch bei anderen Töchtern stattfindet, ist der Vater schon tot. Er hat sich der lebendigen Auseinandersetzung entzogen. Er ist nur noch in der mit Hilfe der Phantasie zu betretenden Sphäre des Todes zu erreichen.

Eine Verarbeitung der ambivalenten Gefühle gegenüber dem Vater wird zumindest zweimal in den Gesprächen Sylvia Plaths mit ihrer Psychiaterin versucht. Offenbar geht aber diese »Verarbeitung« nicht weit genug. Sie bleibt im Ansatz stecken.

Es ist in diesem Zusammenhang nicht unwichtig, daß beide Versuche zu einer Besserung ihres seelischen Befindens führten, zur Überwindung der jeweiligen Depression.

Ein anderes wichtiges Moment bei Sylvia Plaths existentiellen Problemen muß das sein, was man ihre »Vollkommenheitssucht« nennen könnte.

Sie will eine perfekte Autorin, eine perfekte Hausfrau und Mutter und eine perfekte Ehefrau sein.

Das Streben nach Perfektion ist schon beim Vater eine der dominierenden Eigenschaften. Perfektion wird erst recht in der Notsituation nach seinem Tod nun auch von der Mutter den beiden Kindern abverlangt.
Perfektes Funktionieren unter Einsatz von Selbstzwang hat die Mutter im Zusammenleben mit dem Vater bewiesen. Auch als sie mit den Kindern allein ist, lebt sie es ihnen vor.
Perfektion ist der Preis, mit dem sich eine Frau in der modernen Gesellschaft die gleichberechtigte Anerkennung ihrer Persönlichkeit und Identität erkaufen muß.
Nur unter der Bedingung, daß Sylvia gemäß ihren Noten, die ja auch an den gesellschaftlichen Normen für Wissen und Bildung orientiert sind, immer zu den Besten gehört, erhält sie die Chance, auf jene Schulen zu gehen, die ihrer Begabung entsprechen.
Noch größere Anstrengungen, noch deutlichere Beweise eines perfekten Könnens werden im Bereich ihrer künstlerischen Begabung von ihr verlangt. Um als Frau schreibend und dichtend ernst genommen zu werden, muß sie – dank der bestehenden Vorurteile – besser, also perfekter sein als die Männer, mit denen sie konkurriert.
Diese Konflikte, die sich schon in der Kindheit aus den vorherrschenden Vorstellungen von den Rollen der Frau und des Mannes für sie ergeben, setzen sich später fort.
Auf der Suche nach einer in der Gesellschaft anerkannten und sie überzeugenden Autorität wählt sie einen starken, tatsächlich aber auch als Künstler egoistischen und in Hinblick auf die Männer- und Frauenrolle konservativ denkenden Mann. Sie knüpft an diese Beziehung so hochgestellte Erwartungen, daß wahrscheinlich niemand ihnen hätte gerecht werden können.
Durch Konflikte entstehende Aggressionen werden in der patriarchalischen Gesellschaft von Männern häufig nach außen abreagiert. Hingegen scheinen Frauen dazu zu neigen, vor allem dann, wenn ihr Selbstwertgefühl gestört ist, solche Aggressionen gegen sich selbst zu wenden.
Genau dies geschieht bei Sylvia Plath in dem Augenblick, als sie sich eingestehen muß, daß sie in der Rolle der »guten Ehefrau« gescheitert ist. Das Scheitern ihrer Ehe an sich scheint sie als Kata-

strophe zu empfinden. Das Bild des Menschen, dem sie am meisten vertraut hat, erweist sich als unhaltbar.

Sie erkennt aber darüber hinaus: Sie wird um ihren eigenen Unterhalt und den ihrer Kinder unter Umständen »betteln« (dieses Wort fällt in einem ihrer Briefe!) müssen. Sie, die, weil sie eine Frau ist, es besonders schwer hat, künstlerische Anerkennung zu erringen, sieht mit der Scheidung neue Erniedrigungen auf sich zukommen. Die Schwierigkeiten, sich als Lyrikerin und Romanautorin durchzusetzen, bestehen weiter. Heute erscheint uns Sylvia Plath als Autorin mit Prestige versehen. Vergessen wir aber nicht, daß ihr solche Wertschätzung erst nach ihrem tragischen Tod zufällt und zu ihren Lebzeiten höchstens im Ansatz besteht. (Der postum verliehene Pulitzerpreis ist hier signifikant. Oder denken wir in diesem Zusammenhang noch einmal an die Anschrift im Absagebrief des amerikanischen Verlages: Mrs. Ted Hughes!)

Man wird nicht bestreiten können, daß Sylvia Plath jene Grausamkeiten, denen sich auch andere Frauen durch das überkommene gesellschaftliche Rollenbild ausgesetzt sehen, bis zu einem Punkt durchlitten hat, an dem Erschöpfung und Erniedrigung noch milde Umschreibungen für den seelischen Zustand sind, in dem sie sich befunden haben muß.

Solche Demütigungen nicht länger aushalten zu wollen wäre Grund genug für ihren Freitod.

Es kommt aber noch ein weiteres Moment hinzu, auf das ich durch intensives Lesen ihrer Gedichte gestoßen bin.

Eine Lyrikerin stellt ihre Außen- und Innenwelt in Bildern und Symbolen dar. Aber auch ihre eigenen Handlungen müssen als Metaphern begriffen und entschlüsselt werden.

Im Altertum war der Herd neben seiner Funktion als Kochstelle auch Hausaltar und Opferplatz.

Durch Gas geschah das größte Verbrechen unseres Jahrhunderts.

Durch Gas starben die Juden in den deutschen KZ.

Immer wieder ist in den Gedichten Sylvia Plaths davon die Rede, daß der tote Vater ein Opfer von ihr verlangt.

Zeit ihres Lebens hat die Welt der Männer und deren Macht Opfer von ihr gefordert.

Ihr letztes Opfer ist von der Vieldeutigkeit einer Metapher.

Es ist ein Selbstopfer (Herd als Opferstelle) und als solches die intensivste Art der Identifizierung mit den unschuldigen Opfern des Holocaust (Tod durch Gas).
Es denunziert zugleich auf doppelte Weise den Gegenstand »Herd«: als Symbol für die grausame Beschränkung und Entmündigung der Frau, als Symbol aber auch für den sich in kaum nachvollziehbare Brutalität steigernden Machtwillen von Männern, die den Tod eines ganzen Volkes in Gaskammern und Verbrennungsöfen planen, verfügen und ausführen lassen.
Daß zwischen beiden Prozessen ein Zusammenhang besteht, werden vielleicht nur Männer leugnen wollen.
Als derart deutbare Metapher ist die tragische Geschichte der amerikanischen Dichterin Sylvia Plath auch eine Herausforderung an all jene, die leben.

Zeittafel

1932	27. Oktober: Sylvia Plath wird in Jamaica Plain, Massachusetts, geboren; Mutter: Aurelia Schober Plath, erste Generation von Einwanderern aus Österreich in den USA; Vater: Otto Emil Plath, eingewandert aus Grabow, Provinz Posen
1935	Sylvias Bruder, Warren Joseph Plath, wird geboren
1937	Die Familie zieht um nach Winthrop, Massachusetts
1939	Beginn der Schulzeit; Sylvia ist eine Musterschülerin
1940	5. November: Otto Plath stirbt nach einer Beinamputation infolge von Diabetes
1942	Aurelia Plath zieht mit ihren beiden Kindern und ihren Eltern nach Wellesley
1944	Sylvia tritt in die Junior HighSchool ein
1945	Sylvia Plaths erstes Gedicht, »The Spring Parade«, wird in einer literarischen Schülerzeitschrift veröffentlicht
1945-46	Mehrere Veröffentlichungen im Schulmagazin *The Phillipian*
1947	Sylvia Plath wird im »National Scholastic Literary Contest« ehrend erwähnt
1950	Studium am Smith College, Northampton, Mass., mit einem Begabtenstipendium
1952	Sylvia Plath gewinnt den *Mademoiselle*-Wettbewerb
1953	Sommer: Gastredakteurin bei *Mademoiselle* 24. August: Selbstmordversuch mit Schlaftabletten Danach fünf Monate Krankenhausaufenthalt
1954	Februar: Rückkehr ans Smith College
1955	Hochschulabschluß mit Auszeichnungen für ihre Lyrik Oktober: Sylvia Plath geht mit einem Fulbright-Stipendium nach England
1956	Februar: Sylvia Plath trifft Ted Hughes; sie heiratet ihn am 16. Juni
1956/57	Zweites Jahr in Cambridge
1957/58	Rückkehr in die USA mit Ted Hughes; Sylvia lehrt Englisch am Smith College
1958	Sylvia Plath arbeitet als Sekretärin in einem Krankenhaus; sie nimmt am Lyrik-Seminar von Robert Lowell teil, trifft dort die Lyrikerin Anne Sexton
1959	Herbst: Aufenthalt in der Künstlerkolonie Yaddo Dezember: Ted und Sylvia kehren nach England zurück

1960	1. April: Geburt einer Tochter, Frieda Rebecca Im Oktober erscheint die Gedichtsammlung *The Colossus* in England
1961	Fehlgeburt und Blinddarmoperation; Anregung zu vielen Gedichten durch den Aufenthalt auf der Frauenstation des Krankenhauses in London August: Umzug nach Devon
1962	17. Januar: Geburt eines Sohnes, Nicholas Farrar Mai: *The Colossus* erscheint in England September: Ted verläßt seine Ehefrau Dezember: Sylvia Plath zieht wieder nach London in ein Haus, in dem der Dichter William Butler Yeats gewohnt hat
1963	Januar: *The Bell Jar* (»Die Glasglocke«) erscheint unter dem Pseudonym Victoria Lucas 11. Februar: Sylvia Plath begeht in London Selbstmord
1965	Der Gedichtband *Ariel* erscheint in London
1971	*The Bell Jar* erscheint in den USA unter dem tatsächlichen Namen der Autorin
1981	Die *Collected Poems* erscheinen in den USA
1982	*The Journals* werden in den USA veröffentlicht Für die *Collected Poems* wird Sylvia Plath postum der Pulitzerpreis verliehen

Quellennachweise

Motto

(1) nach: The Journals of Sylvia Plath. Ted Hughes and Frances McCullough, Editors. New York 1982, S. 29
(2) Sylvia Plath, Ariel. Gedichte. © Suhrkamp Verlag Frankfurt/Main 1974, S. 41

Die Familie

(1) Sylvia Plath, Briefe nach Hause. 1950-1963. Ausgewählt und herausgegeben von Aurelia Schober Plath. Aus dem Englischen von Iris Wagner. © 1979 Carl Hanser Verlag München Wien, S. 15
(2) ebd. S. 17
(3) ebd. S. 19
(4) Sylvia Plath, Die Bibel der Träume. Erzählungen, Prosa aus den Tagebüchern. Aus dem Amerikanischen von Julia Bachstein und Sabine Techel. © Frankfurter Verlagsanstalt GmbH Frankfurt/Main 1987, S. 140 f.

Der Tod des Vaters

(1) Sylvia Plath, Die Bibel der Träume. A.a.O., S. 136
(2) ebd. S. 136 f.
(3) ebd. S. 142
(4) nach: Linda W. Wagner-Martin, Sylvia Plath. A Biography. New York 1987, S. 27
(5) Sylvia Plath, Briefe nach Hause. A.a.O., S. 26
(6) ebd.
(7) ebd. S. 26 f.
(8) nach: Nancy Hunter Steiner, A Closer Look at Ariel. A Memory of Sylvia Plath. New York 1973, S. 13
(9) Sylvia Plath, Ariel. A.a.O., S. 145
(10) Sylvia Plath, Die Glasglocke. © Suhrkamp Verlag Frankfurt/Main 1968, S. 37
(11) nach: Hunter Steiner, A Closer Look at Ariel. A.a.O., S. 45
(12) Sylvia Plath, Ariel. A.a.O., S. 109
(13) ebd.
(14) ebd.
(15) ebd. S. 111
(16) ebd. S. 109
(17) ebd.

Ein Teenager in den fünfziger Jahren

(1) nach: Wagner-Martin, Sylvia Plath. A.a.O., S. 33
(2) ebd. S. 41
(3) Sylvia Plath, Briefe nach Hause. A.a.O., S. 32
(4) ebd. S. 39
(5) ebd. S. 32
(6) ebd. S. 33
(7) ebd. S. 35
(8) ebd. S. 34
(9) ebd.
(10) nach: Sylvia Plath, Letters Home. New York 1975. Um den großen poetischen Reiz dieses Verses wenigstens annähernd in der deutschen Fassung spürbar werden zu lassen, hat der Autor ihn unter stärkerer Rhythmisierung selbst übersetzt.
(11) nach: The Journals of Sylvia Plath. A.a.O., S. 16
(12) Sylvia Plath, Briefe nach Hause. A.a.O., S. 36
(13) ebd. S. 39
(14) nach: Sylvia Plath, Letters Home. A.a.O., S. 27

Die Grenzen des Erfolges

(1) nach: Wagner-Martin, Sylvia Plath. A.a.O., S. 60
(2) ebd.
(3) nach: Hunter Steiner, A Closer Look at Ariel. A.a.O., S. 34
(4) ebd. S. 35
(5) ebd.
(6) Laut Wagner-Martin kommen 450 Dollar vom Smith Club, der Rest aus einem von Olive Higgins Prouty gestifteten Fonds.
(7) nach: The Journals of Sylvia Plath. A.a.O., S. 17
(8) nach: Jeanne Inness, The Bell Jar. Notes. Lincoln, Nebraska 1984, S. 14
(9) nach: The Journals of Sylvia Plath. A.a.O., S. 30
(10) nach: Wagner-Martin, Sylvia Plath. A.a.O., S. 76
(11) ebd. S. 94
(12) Sylvia Plath, Briefe nach Hause. A.a.O., S. 123
(13) Sylvia Plath, Die Glasglocke. A.a.O., S. 7
(14) nach: The Journals of Sylvia Plath. A.a.O., S. 22
(15) Sylvia Plath, Die Glasglocke. A.a.O., S. 77
(16) nach: The Journals of Sylvia Plath. A.a.O., S. 23
(17) ebd.

Der Zusammenbruch

(1) nach: The Journals of Sylvia Plath. A.a.O., S. 81
(2) ebd. S. 83
(3) Sylvia Plath, Briefe nach Hause. A.a.O., S. 133
(4) ebd.
(5) ebd.
(6) ebd. S. 134
(7) ebd. S. 128
(8) ebd.
(9) ebd.
(10) ebd. S. 135
(11) nach: Wagner-Martin, Sylvia Plath. A.a.O., S. 112
(12) Sylvia Plath, Ariel. A.a.O., S. 83
(13) nach: Hunter Steiner, A Closer Look at Ariel. A.a.O., S. 45
(14) nach: Wagner-Martin, Sylvia Plath. A.a.O., S. 112
(15) nach: Hunter Steiner, A Closer Look at Ariel. A.a.O., S. 56
(16) ebd. S. 70
(17) ebd. S. 71
(18) ebd. S. 74
(19) Sylvia Plath, Ariel. A.a.O., S. 113
(20) nach: Hunter Steiner, A Closer Look at Ariel. A.a.O., S. 43
(21) nach: Wagner-Martin, Sylvia Plath. A.a.O., S. 120

England oder Ein neuer Anfang

(1) nach: Wagner-Martin, Sylvia Plath. A.a.O., S. 124
(2) nach: The Journals of Sylvia Plath. A.a.O., S. 104
(3) ebd. S. 110
(4) ebd.
(5) ebd. S. 111
(6) Sylvia Plath, Briefe nach Hause. A.a.O., S. 239
(7) ebd.
(8) ebd. S. 243
(9) ebd. S. 241
(10) nach: The Journals of Sylvia Plath. A.a.O., S. 113
(11) ebd. S. 143
(12) nach: Wagner-Martin, Sylvia Plath. A.a.O., S. 133
(13) nach: The Journals of Sylvia Plath. A.a.O., S. 146
(14) ebd. S. 147
(15) nach: Wagner-Martin, Sylvia Plath. A.a.O., S. 137

Zurück nach Amerika

(1) nach: Wagner-Martin, Sylvia Plath. A.a.O., S. 150
(2) nach: The Journals of Sylvia Plath. A.a.O., S. 248
(3) ebd. S. 250
(4) ebd.
(5) Deutsch in: Sylvia Plath, Die Bibel der Träume. A.a.O.

Das erste Kind

(1) A. Alvarez, Der grausame Gott. Eine Studie über den Selbstmord. Fischer Verlag, Frankfurt/Main 1980, S. 16. © A. Alvarez 1971
(2) ebd. S. 17
(3) Sylvia Plath, Briefe nach Hause. A.a.O., S. 385
(4) Die Mitteilung, sie habe samt Kind an einer Antiatomdemonstration teilgenommen, mag vielleicht überraschen, genauso überraschen wie die Feststellung kurz vor ihrem Tod, sie empfinde sich als einen »ziemlich politisch orientierten Menschen«. Das heißt gewiß nicht, daß man sich Sylvia Plath als politische Aktivistin vorzustellen hat. Es heißt aber sehr wohl, daß sie vor den großen Bedrohungen dieses Zeitalters – seinen totalitären Tendenzen in Ost und West, den KZ und dem Archipel Gulag, der Atombombe – nie die Augen verschließt, sondern daß Erfahrungen der Tagespolitik von ihr registriert werden und zusammen mit den privaten Problemen sie beschäftigen und in ihrer Lyrik Spuren hinterlassen.
(5) Alvarez, Der grausame Gott. A.a.O., S. 19
(6) nach: Hunter Steiner, A Closer Look at Ariel. A.a.O., S. 5
(7) ebd.
(8) ebd.
(9) nach: Wagner-Martin, Sylvia Plath. A.a.O., S. 185

Auf dem Land

(1) Sylvia Plath, Briefe nach Hause. A.a.O., S. 461
(2) ebd.
(3) ebd. S. 462
(4) Sylvia Plath, Ariel. A.a.O., S. 117
(5) in: Wagner-Martin, Sylvia Plath. A.a.O., S. 205
(6) Alvarez, Der grausame Gott. A.a.O., S. 23

Den Kopf in den Backofen stecken

(1) Sylvia Plath, Ariel. A.a.O., S. 19
(2) Sylvia Plath, Die Bibel der Träume. A.a.O., S. 137
(3) Sylvia Plath, Briefe nach Hause. A.a.O., S. 493 f.
(4) Sylvia Plath, Ariel. A.a.O., S. 109
(5) ebd. S. 107
(6) nach: Wagner-Martin, Sylvia Plath. A.a.O., S. 224
(7) Sylvia Plath, Briefe nach Hause. A.a.O., S. 527
(8) Sylvia Plath, Die Bibel der Träume. A.a.O., S. 160
(9) nach: Wagner-Martin, Sylvia Plath. A.a.O., S. 242
(10) Alvarez, Der grausame Gott. A.a.O., S. 44
(11) ebd. S. 45
(12) ebd.
(13) Sylvia Plath, Ariel. A.a.O., S. 173
(14) Sylvia Plath, Briefe nach Hause. A.a.O., S. 538

Alle Zitate nach den deutschsprachigen Ausgaben, sofern solche vorlagen. Alle übrigen Texte wurden vom Autor selbst übersetzt.

Autor und Verlag danken dem Carl Hanser Verlag, dem Suhrkamp Verlag und der Frankfurter Verlagsanstalt für die freundliche Genehmigung zum Abdruck der Zitate.

Die Fotos wurden mit freundlicher Genehmigung des Carl Hanser Verlags dem Band Sylvia Plath, Briefe nach Hause, entnommen.

Geschrieben wurde der vorliegende Text von November 1987 bis Februar 1988 in Nomborn/Westerwald und im Paul-Ernst-Wilke-Atelierhaus in Bremerhaven. Der Autor dankt dem »Verein der Freunde Paul Ernst Wilkes« und den Bürgern der Stadt, die seinen Aufenthalt in dem kleinen Haus am Vorhafen ermöglichten.

Frederik Hetmann

Bibliographie

Werke Sylvia Plaths, die ins Deutsche übersetzt wurden

Ariel. Gedichte. Englisch und deutsch. Deutsch von Erich Fried. Suhrkamp Verlag, Frankfurt/Main 1974

Die Bibel der Träume. Erzählungen, Prosa aus den Tagebüchern. Aus dem Amerikanischen von Julia Bachstein und Sabine Techel. Frankfurter Verlagsanstalt, Frankfurt/Main 1987

Briefe nach Hause. 1950 - 1963. Ausgewählt und herausgegeben von Aurelia Schober Plath. Aus dem Englischen von Iris Wagner. Carl Hanser Verlag, München Wien 1979

Die Glasglocke. Aus dem Englischen von Christian Grote. Suhrkamp Verlag, Frankfurt/Main 1968

Darüber hinaus verwendete Literatur

The Journals of Sylvia Plath. Ted Hughes and Frances McCullough, Editors. New York 1982

A. Alvarez, Der grausame Gott. Eine Studie über den Selbstmord. Aus dem Englischen von Maria Dessauer. Fischer Verlag, Frankfurt/Main 1980

Nancy Hunter Steiner, A Closer Look at Ariel. A Memory of Sylvia Plath. New York 1973

Jeanne Inness, The Bell Jar. Notes. Lincoln. Nebraska 1984

Linda W. Wagner-Martin, Sylvia Plath. A Biography. New York 1987

Biographien

Michail Krausnick
Hungrig!
Die Lebensgeschichte des Jack London
96 Seiten (80652)

Monika Pelz
»Nicht mich will ich retten!«
Die Lebensgeschichte des Janusz Korczak
Auswahlliste zum Deutschen Jugendliteraturpreis
116 Seiten (80666)

Margret Steenfatt
Ich, Paula
Die Lebensgeschichte der Paula Modersohn-Becker
140 Seiten mit Bildern (80646)

Werner Steinbeiß
Der Geschmack der Erde
Die Lebensgeschichte des Federico García Lorca
112 Seiten mit Fotos (80674)

Arnulf Zitelmann
»Widerrufen kann ich nicht«
Die Lebensgeschichte des Martin Luther
144 Seiten (80643)

Arnulf Zitelmann
»Ich will donnern über sie!«
Die Lebensgeschichte des Thomas Müntzer
176 Seiten mit Bildern (80684)

Beltz & Gelberg
Beltz Verlag, Postfach 10 01 54, 6940 Weinheim